Harald Weiß

Schwarze Steine

ISBN 3-936740-09-7

1. Auflage 2003

ISBN 3-936740-09-7

Panico Alpinverlag
Golterstrasse 12
D-73257 Köngen
Tel. (0 70 24) 8 27 80
Fax. (0 70 24) 8 43 77
e-mail: alpinverlag@panico.de

Für Margot und Roland

Inhalt

Vorwort

Langweilig. Nur mit diesem einen Wort als Vorwort hätte dieses im Fortgang dieses Satzes immer weniger weiße Blatt Papier nur durch das Weglassen auch dieses einen Wortes an Langeweile überboten werden können. Allerdings ist 'langweilig' als einziges Vorwort nach dem (Wort) Vorwort eigentlich schon ein Nachwort. Aber was, bitteschön, hat ein Nachwort am Anfang eines Buches zu suchen? Hätte also nur 'Vorwort' auf dieser Seite stehen sollen, allein und ohne das Nachwort 'langweilig'? Dafür spricht, dass diesem Buch der langweilige Anfang erspart geblieben wäre. Dafür spricht weiter, dass damit endlich ein Wort zu seinem Wort gestanden hätte! Bedauerlicherweise steht das Nachwort 'langweilig' nun aber schon auf diesem Blatt. Da dadurch der in sich selbst zur Erfüllung kommende Sinn des Wortes "Vorwort" sinnlos geworden ist, gibt es auch keinen Grund mehr, nicht noch weitere Wörter niederzuschreiben, wie es ohnehin schon geschehen ist.

Langweilig wäre jedes bloß weiße Papier ohne die ihm farblich entgegengesetzten schwarzen Buchstaben, die aus dem Papier herausstechen und ihm eine Tiefe verleihen, die es physikalisch weder mit noch ohne Buchstaben hat. Andererseits wären die vielsagenden Wörter ohne den weißen, nichtssagenden Untergrund gar nicht sichtbar und darum genauso langweilig wie das bloße weiße Papier. Die Sinnhaftigkeit entsteht erst durch das Zusammenwirken des Entgegengesetzten, des Weißen mit dem Schwarzen, des Konturlosen mit der Kontur. Für sich allein sind Papier und Buchstaben tote Materie. Aber gemeinsam bringen sie Wunder hervor: Bilder ohne zu Malen, Tränen ohne Wasser,

Sättigung ohne Nahrung. Zusammen wird aus ihnen Leben. Langweilig ist das Leben ohne die Gegensätze, zwischen denen es sich abspielt. Voller Dunkelheit die Momente, in denen man sich dem Tode nahe sieht, in denen es keine Änderung, keine Bewegung mehr zu geben scheint; hell die Augenblicke, in denen alles leuchtet, in denen es unmöglich ist, nicht ständig zu lachen, in denen man über die Welt fliegt. Aber beides für sich allein ist kein Leben, zumindest kein schönes Leben. Im Nicht-Verharren, im Aufsteigen, wenn man unten ist, und im Absteigen, wenn man oben ist, erfährt man das Leben. Im Klettern und Bergsteigen wird dieser Wechsel zwischen Hoch und Tief, Leben und Tod sehr konkret und unmittelbar für Geist und Körper erfahrbar. Anstrengung, Furcht, Schmerzen finden ihre Umkehrung ins Positive, wenn sie auf einem Berg gipfeln. Das Klettern selbst ist ein ständiger Wechsel zwischen Anspannung und Entspannung, Erfolg und Misserfolg, Lachen und Weinen. Zwischen diesen Polen bewegen sich die Geschichten in diesem Buch. Zwischen Humor und Ernsthaftigkeit, zwischen Wahrheit und Lüge. So wie das Bergsteigen, so wie das Leben.

Langweilig wären diese Geschichten ohne das Leben, das hinter ihnen steckt, das pulsiert, das es in Täler und auf Berge treibt, das dazu geschaffen ist, auf- und abwärts zu gehen, aber nicht stehen zu bleiben.

Langweilig bleiben diese Geschichten ohne die Menschen, in denen sie zu Bildern werden.

Bergsteigen ... bis zum Gipfel

Der Kampf ums Überleben verkauft sich gut. Reinhold Messner verarbeitet sein Nanga Parbat-Trauma und kann damit leben. Jüngere Profibergsteiger müssen sich erst profilieren.
Früher waren Profibergsteiger Bergführer. Heute wollen Profibergsteiger nicht mehr ihr Geld damit verdienen, andere auf Berge zu führen. Für das, was sie tun, können sie niemanden mitnehmen, der nicht annähernd so gut ist wie sie. Ihr Ziel ist letztlich, besser und bekannter zu sein als alle anderen Bergsteiger.
Der Topf, aus dem Profibergsteiger ihr Geld bekommen, ist klein, kein Vergleich zum Fußball. Der Kampf um das Wenige ist härter als der Kampf am Berg. Um viel von dem Wenigen abzubekommen muss der Profibergsteiger der erste und der schnellste sein, am Berg und in den Medien.
Konkurrenz gibt es bei den Extremen schon lange. Beispiel Eiger-Nordwand: Wer würde die Namen Heckmair und Harrer kennen, wenn sie nicht als erste, zusammen mit Kasparek und Vörg diese Wand durchstiegen hätten. An den Animositäten, die nach über sechzig Jahren noch zwischen Heckmair und Harrer bestehen, kann man ablesen, wie groß diese Konkurrenz gewesen sein muss. Ricardo Cassin ärgert sich wahrscheinlich heute noch darüber, dass man ihm in dieser Wand zuvorgekommen ist. Dass er seinem Ärger durch die Erstbesteigung der Grand Jorasses Nordwand Luft machte, hat ihm wenig genützt. Wie viele Menschen kennen die Grand Jorasses im Mont Blanc Massiv und wie viele den Eiger?
Man muss sich keine Illusionen über die Kameradschaft

machen, wenn es um Geld und Berühmtheit geht. Das ist in allen Sportarten so und überall wo Zahlen das Sagen haben. Wer eine Million Euro erwirtschaftet hat, hat eben mehr erwirtschaftet als jemand, der nur 999 999 Euro erwirtschaftet hat, und wer 2.06 Stunden für 42.195 Kilometer braucht, war 2 Minuten schneller als der, der 2.08 Stunden braucht. Der Schnellere bekommt mehr Geld.

Der Kampf an der Spitze folgt einer nachvollziehbaren Logik. Auf den hinteren Plätzen wird nicht unbedingt weniger gekämpft. Die Öffentlichkeit weiß es nur nicht - wen interessieren schon die Verlierer außer den Verlierern. Sie sind ja auch gar keine Verlierer; sie haben ja im Kampf gegen den eigenen Körper gewonnen. Sieger für sich, Verlierer für die anderen.

Berge sind ein Geschenk für uns wettbewerbslüsterne Menschen. Das Ziel ist so offensichtlich. Die höchsten Berge der Welt haben Zahlen: seven summits, 8000 Meter. In den USA steigen die Einstellungschancen, wenn man die jeweils höchsten Berge der sieben Kontinente bestiegen hat. Die Zahl ist das Ziel und der Gipfel der Sieg.

Warum diese Kriegsmetaphern, Kampf, Sieg? Weil der Bergsteiger ein Krieger ist. Er kämpft einen schmutzigen Krieg.

Der Aconcagua ist der höchste Berg des amerikanischen Kontinents, fast 7000 Meter hoch. Einfach zu besteigen bei richtiger Anpassung an die Höhe. Keine unausweichliche Gefahr für das Leben aufgrund der Höhe. Die Todeszone beginnt erst 500 Meter höher. Erst oberhalb von 7500 Metern kommt der Tod automatisch nach wenigen Tagen. Die Opfer am Aconcagua sind Kriegsopfer, gefallen in unmenschlichem Kampf um eine Zahl.

In Puente del Inca, einer kleinen argentinischen Siedlung, gibt es große Hamburger. Das ist wichtig, wenn man zwei Wochen lang von Bars, Restaurants und Lebensmittelgeschäften abgeschnitten war. In Puente del Inca beginnt der zweitägige Marsch ins Basislager am Fuße des Aconcagua. Hunderte von Zelten stehen dort in der Hauptsaison zwischen Mitte Dezember und Ende Januar.

In Puente del Inca das erste Bier nach 50 Litern Tee, ein Stuhl zum Sitzen. Verbrannte Gesichter, weiße T-Shirts, Aconcagua 6962 m steht darauf. Sie seien die ersten gewesen, die an ihm vorbeigegangen sind, an dem Deutschen, etwa dreißig Jahre alt. Kein T-Shirt für ihn. Sie waren nicht die letzten, die die Leiche auf dem Weg liegen sahen, und weitergegangen sind. Das Wetter war gut gewesen, sehr gut. Blauer Himmel, Sonne. Bei 3000 Menschen, die in der Hauptsaison auf den Gipfel wollen, sind das am Tag durchschnittlich 66. Scheint keine Sonne sind es weniger, scheint die Sonne, sind es mehr. Nicht alle kommen auf den Gipfel. 50% schaffen es, 33 pro Tag. In drei Tagen 99. Drei Tage lang lag der Tote auf dem Weg. 99 Menschen haben ihn neben sich auf dem Weg gesehen, zweimal: einmal im Aufstieg und einmal im Abstieg. Wieviele Menschenhände sind nötig, um einen Menschen zu tragen?

Der Tote hatte an einer kommerziellen Expedition teilgenommen: in sieben Tagen einen Fastsiebentausender. Zwei schöne Zahlen, Zeit kombiniert mit Höhe. Eigernordwand in sieben Stunden, Garant für Berühmtheit.

Zwei von drei Bergführern mussten vorzeitig umkehren; sie kannten die Leistungsfähigkeit ihrer Körper und sie kannten die Gefahren. Ihre Kunden kannten beides nicht, nur den Namen des Berges und dessen Höhe. Aber sie wollten hinauf. Was man bezahlt hat, will man auch haben. Einer hatte umsonst bezahlt. Ein US-Amerikaner sagt im Basislager: "Auf dem Gipfel des Aconcagua würde ich gerne sterben."

Die Prioritäten sind deutlich: an erster Stelle der Gipfel, an zweiter Stelle das Leben. An zweiter Stelle das eigene Leben, an dritter Stelle das Leben anderer.
Drei Tage lang müssen die Aconcagua-Besteiger auf ihrem Weg zum Gipfel wegschauen. Ein Toter ist kein schöner Anblick. Die Augen nicht nach vorne, nicht zur Seite und nicht nach hinten; nur nach oben. Erst nach drei Tagen kommt eine argentinische Bergungsmannschaft.
Der Berg ist wieder sauber, wie die 99 T-Shirts, die in Puente del Inca gekauft werden: Aconcagua, 6962 m.

Drei Tode

"Die ersten Strahlen der Sonne, die durch die vorbeiziehenden Wolken drangen, leuchteten am Himmel auf und huschten über Himmel und Erde. Der Nebel wallte in den Tälern, der Tau spielte glänzend auf dem Grün, die durchsichtigen, weißen Wölkchen verteilten sich eilig am bläulichen Horizont. Im Dickicht zwitscherten die Vögel etwas weltfremd Seliges; froh und ruhig flüsterten die saftvollen Blätter in den Kronen, und die Äste der lebenden Bäume rauschten langsam und majestätisch über dem Gestürzten."

Die Sonne bringt Leben in Kopf und Glieder. Kein schöner Tag als dieser, an dem die Nebel grad' verschwinden als die Berge nah genug, um sie mit den Augen zu erhaschen. Der schwarze Morgen, der uns aus Schlaf und Betten warf, ist jetzt schon hell, noch ehe wir am Wandfuß stehen, den warmen Fels berührt, das Kreuz bei uns hinab und in die Weite sehen; womit uns dieser neue Tag beglückt, ist ein Gefühl, das über Winter ausgetrocknet war; es ist das Gefühl, das uns von neuem in die Berge zieht, das wir in der Vergangenheit genossen, das wir schon jetzt genießen, noch ehe wir des Tages Freuden sehen. Dies Gefühl aus vergangen Gelebtem eilt mit dem Licht dem Erleben des Tages voraus.
Ich kenne den Parkplatz, den Weg an der Hütte vorbei. Nach Westen auf dem schmalen Pfad, der unter den Südwänden entlangführt. Sie werden schon warm. Außer den Strahlen der Sonne berühren sie wenige Hände. Groß unser Mut, den der Vorfrühling und die aufgestaute Gier geschaffen. Kühn eingestiegen in die schwersten ersten Meter der Rot Flüh Südost-

wand. Bereits am ersten Stand - die feuchte Kühlung aus dem Wasserfall genieße ich, doch nicht die nassen alten Haken und die in ihnen hängenden Schlingen - haben die Unterarme den Mut an Größe übertroffen. Um der zu oft gemachten Erfahrung, bei der Eingehtour einzugehen zu entgehen, seilen wir ab und suchen den Führer ab nach Leichterem.
"Aha! Die Stelle VII lässt sich technisch meistern!" So wird aus VII IV und eine reelle Möglichkeit, kein zweites Mal nach 30 Metern schon die Gefahr des Scheiterns in Betracht ziehen zu müssen. Wir folgen dem Pfad weiter nach Westen. Ich gehe voran, erspare mir das Wechseln der Schuhe; meine Wanderstiefel dürfen wo sie waren bleiben. Vor den Steinen, die aus den Wänden springen, müssen wir uns ich Acht nehmen; zu nah ist der Winter: auf seiner Flucht nimmt er Eis und Schnee mit, er wirft nach dem Frühling mit Steinen. Am Fuße des Vorbaus der Südwestwand ist eine kleine Höhle. Dort liegen die Rucksäcke, die Schuhe und Jacken derer, die über uns klettern. Ich lege das Seil in das rauhe Gras, das sich wie ich in der warmen Luft räkelt. Ich schaue hinauf zu den Besitzern der Jacken, der Schuhe, der Rucksäcke. Eine schöne Wand, der Fels aus einem Stück. Ich sehe drei Seilschaften, die den vor uns liegenden Genuss schon erleben. Heute ist der Tag, an dem der Kletterer im siebten Himmel schwebt, an dem er das Glück seines Tuns an Leib und Seele erfährt. Nichts, das das Hochgefühl trüben könnte; Motivation, Wetter und Fels fließen harmonisch ineinander. Ich schaue hinauf und beneide die Kameraden. Mein Seilpartner kommt und teilt meinen erwartungsvollen Blick nach oben. Ich schreibe, während ich träume. Ich weiß nicht, wann ich diesen Traum zum letzten Mal träume - vielleicht in meiner Todesstunde -, aber ich weiß, dass ich ihn zum ersten Mal träumte, als ich an jenem schönen Vorfrühlingstag

nach oben in den schönen Fels schaute, wo Kletterer gerade ihr Leben genossen. Es muss ein Traum sein, denn er kommt immer wieder; er kommt bei Tag und bei Nacht, wenn die Sonne mich wärmt und wenn die Stille der Nacht mich umgibt, die Sterne am Himmel für die Verstorbenen scheinen. Was sonst als ein Traum lässt mich Bilder sehen, die außer mir niemand sieht? Die Bilder hängen in der Luft, doch in der Luft ist nichts. Es ist kein schöner Traum. Vielleicht kann ich ihn mit Worten binden. Ich sehe einen Menschen, weit weit über mir. Er stürzt. Auch ich bin schon gestürzt. Die letzte Zwischensicherung wird seinen Sturz beenden. Er schreit. Ich schreie auch immer, wenn ich stürze - ich fürchte mich vor dem Stürzen, bereits einen Meter über der letzten Sicherung zittern meine Knie. Doch dieser Schrei aus der Wand ist anders. Es ist ein letzter Schrei. Nur ein einziger Schrei! Dieser Schrei ist das Leben des Schreiers. Kein weiteres Mal wird er schreien, nie wieder kann er schreien. Mit diesem Schrei stürzt sein Leben in die Tiefe. Der Schrei ist schneller als der Leib, aus dem er dringt. Er ist schon angekommen, er ist dem Leib vorausgeeilt. Der Mensch stürzt dem ihm vorauseilenden Schrei, dem gellenden, von allen Wänden widerhallenden Schrei, der alles Blut aus meinem Herzen presst, hinterher und kann ihn nicht erreichen. Er stürzt hinab, so weit hinab. Sein Sturz, oh Gott, er endet nicht! Oh Gott, er endet nicht! Warum hört er nicht auf zu fallen? Er muss anhalten! Halt an! Oh Gott, halt doch endlich an! Er muss aufhören zu stürzen, er muss sagen: "Bin ausgerutscht! Alles o.k.!" Dann wieder hochklettern, das Leben kletternd erleben. Warum sagt der Mensch, der keinen Laut von sich mehr geben wird, der immer näher, näher kommt das nicht? Er muss das sagen! Sag es! Du musst! Oh Gott, er stoppt nicht, fällt und fällt; nichts bremst ihn. Nur kurz, so scheint es, als er dem Ort, wohin sein Schrei ihm vorausgeeilt ist, ins Auge blickt - der letzte Blick - reisst kurz die Zeit. Dann folgen ihm, ganz lautlos, die zwei Gefährten, eng umschlungen, hinab in die bodenlose Tiefe. Der Tod ließ ihnen keine Zeit zu schreien. Wie Dummy-Puppen werden sie durch die Luft gewirbelt, gegen die Felsen geschlagen. Ein dumpfer Schlag, ein zweiter, ein dritter, ein vierter. Dem Weg des Schreis, der von den Felsen widerhallt und wie ein Eisenstab von Ohr zu Ohr durch meinen Kopf getrieben, folgen sie nach. Dort, wo der erste zu einem Klumpen Fleisch verstümmelt, da überholen die andern zwei ihn und spritzen ihr warmes Blut auf toten Stein. Ich kann nur schreien. Dass meinem ersten Schrei zehn weitere folgen, bedeutet Leben.

"Oh Gott, oh Gott!"

Ich schrei' es in die Höhle, die mich davor bewahrt, der vierte Mann in dieser Todesseilschaft zu werden. Ein Luftzug streift meinen Rücken. Es ist der Tod. Er hat drei Opfer und lässt für heute mich entkommen. Aber der Traum will nicht enden; er ist wie der letzte Sturz drei armer Leiber. Leblose Reste von Gliedern an zerrissenem Rumpf - der Traum geht weiter. Wir waren bis hierher zwei Lebende und drei Tote. Nun verlagert sich das Verhältnis zugunsten des Todes. Alleine steige ich hinab ins Reich der Schatten. Es wird kalt. Es zieht mich hinein in die eisigen Grüfte, wo die Zukunft dieser Menschen liegt. Rote Streifen auf dem weißen Schnee. Der sterbende Winter nimmt mit sich rot verfärbten Schnee. Die Sonne kommt zu spät. Fest umschlungen hält der nie mehr Schreiende die Überreste eines toten Stumpfes. Der Gebremste ist dem Bremser gleich geworden, nur jener ist noch warm und düngt mit seinem letzten Blut vergeblich abgestorb'nes Holz. Und die Gefährten strecken ihre Köpfe nach dem Tal. Ich rufe, aber keine Antwort kommt. Was soll ich tun, wenn einer von den dreien stöhnt, wenn einer atmet, wenn sein Herz noch schlägt? Was soll ich tun auf diesem steilen Schneefeld, auf dem die drei mit ihrem Seil zusammenhängen, verknotet, stranguliert? Ich, allein? Und könnte ich etwas tun, wie sollte ich in verschobene Münder Luft einblasen, wie einen verdrehten Hals überstrecken, eine Seitenlage versuchen, wo keine Seite ist, wo der Unter- gegen den Oberkörper wüst verdreht, der Beckenknochen die Haut durchstoßen, die Unterarmknochen bloßgelegt, die Muskeln offen liegen, das Hinterhaupt unterm Helm vordringt? Doch kein Laut, kein Atmen oder Stöhnen lässt Leben ahnen, wo es vor drei Sekunden noch pulsiert. Nicht weit entfernt setzte ich mich nieder. Nicht lange. Wann hört der Traum endlich auf? Ich gehe noch einmal zu den dreien, zu den zwei unteren zuerst. Ich berühre sie. Ich taste mit den Fingern nach der Halsschlagader. Ich habe Angst davor, ein Pochen zu spüren. Ich fühle die warme Haut. Neben dem Kehlkopf liegt meine Hand. Die Köpfe liegen so, dass ich wenigstens auf einer Seite nach dem Puls suchen kann. Die Gesichter sind wenig entstellt, die Augen geschlossen - das macht es mir leichter. Die Wärme, die meine Finger spüren, wird von keinem Pochen bestätigt. Ich träume tief. Wenn ich wach bin, pulsiert jeder warme Hals. Der erste Kopf ist blau, der Mund des zweiten ist leicht geöffnet; ich sehe Zähne. Ich taste den Kehlkopf, drücke - Blut quillt aus dem Mund. Ich stapfe durch den Schnee hoch zum dritten - meine Füße längst schon durchnässt. Auch hier hat der Tod alles bis auf die Wärme geraubt. Ich kann nichts mehr tun, will ich nicht selber sterben. Ich habe den Tod nicht gesehen - ich hätte ihn ertragen. Ich sah kein Leben mehr, wo es im Augenblick noch war. Wo ist es hin? Ich möchte es finden!

Ich verlasse diesen Ort. Lange genug waren wir vier allein mit

einem Leben. Der mir entgegenkommt, spricht mich nicht an. Er hat vergessen, dass man nur mit Lebenden sprechen kann. Sprache belebt nur Lebende!
Ich kann den Traum wohl nicht beenden, indem ich ihn in Worte fasse. Er hört nicht auf, indem er immer wieder kommt. Er endet erst, wenn sein Inhalt und mein Leben sich treffen.

Comic di Lavaredo

Es war zu der Zeit als der Herrgott gerade seinen Bart verlor und mir noch keiner gewachsen war, da drang ich in die Tiefen der physikalischen Theorie vor. Ich stieß dabei auf den Barterhaltungssatz, der da sagt, dass die Summe aller kinetischen und potentiellen Bärte in einem geschlossenen System unveränderlich ist. Sogleich wand ich den Barterhaltungssatz auf den Herrgott und mich an. Das Ergebnis erschütterte mich zutiefst, da ich erkennen musste, dass der Herrgott nicht der mir nahe Vater war, sondern das Wesen eines anderen Systems, das von dem System, in dem ich lebte, scharf getrennt war. Wie sonst hätte es sein können, dass der Herrgott seinen Bart verlor, ohne dass dafür mir einer wuchs. Irgendwo musste sein langer weißer Bart doch geblieben sein. Der Barterhaltungssatz sagt eindeutig, dass Bärte nicht verschwinden können. Wenn irgendwo ein Bart fällt, muss an anderer Stelle wieder einer sprießen. Und da das System, in der die Summe der Bärte konstant bleiben muss, nur aus dem Herrgott und mir besteht - ein anderes Wesen existiert in dieser Geschichte noch nicht; andere Wörter außer 'Herrgott' und 'ich' zwar schon, aber Wörter können keine Bärte bekommen - gibt es nichts und niemand außer mir, dem hätte des Herrgotts verlorener Bart wachsen können. Und da der Barterhaltungssatz zu den unverrückbaren Wahrheiten der Welt gehört, kann es nur eine Erklärung für das entstandene Ungleichgewicht der Bärte geben: der Herrgott kann sich nicht im selben System wie ich befinden.
Wie fühle ich mich da plötzlich so einsam und allein in dieser Welt. Gerade noch in trauter Gemeinschaft mit dem großen

Herrgott hat mich die Physik meines einzigen aber dafür umso liebevolleren Gegenübers beraubt. Sie hat, um sich selbst nicht zu falsifizieren, den Herrgott in anderes System katapultiert und mich in dieser Geschichte allein zurückgelassen. Da befreit mich ein Geräusch, ein Läuten, sofern es nicht das Engelsgeläut ist, konditional aus meiner systemischen Einsamkeit. Wenn es nun dieses Geräusch gibt, so fährt es mir über die Ohren ins Gehirn, dann muss es auch einen Urheber dieses Geräusches geben, Aristoteles' Theorie von der Ursächlichkeit eines jeden Seins vorausgesetzt und das Engelsgeläut als ein systemfremdes Geräusch ausgenommen. Die Wiederholung des Geräuschs schließt auch eine intracerebrale Ursache aus. Beim dritten Läuten, das von lauten menschlichen Tönen begleitet wird, ist jeder Zweifel ausgeschlossen: Das Geräusch hat einen Urheber und der Urheber ist ein Mensch. Ich schreibe, dass ich zu schreiben aufhöre, zur Tür renne, sie öffne und dem Freund aus Dankbarkeit, dass er mich aus meiner Einsamkeit erlöst hat, stürmisch um den Hals falle. Dabei fällt mir die Röte auf die Wange. Des Freundes Gesicht ist mit Bartnadeln gespickt, mit denen er meine Wange bei der Umarmung punktiert. Als ich seines Bartes gewahr werde, zuerst taktil, sodann kognitiv, springe ich vor Freude in die Höhe - vor einer alternativen, ebenfalls berechtigten zweiten Umarmung warnen mich die roten Schmerzen auf meiner Wange. Hat mich das Auftreten des Freundes, angekündigt durch sein Läuten, aus der Einsamkeit erlöst, in die mich nach dem ersatzlosen Bartverlustes des Herrgotts die Physik getrieben hatte, so brachte mir das Gewahrwerden des Bartes im Gesicht meines Freundes eine doppelte Erleichterung des gläubigen Herzens als auch der kritischen Vernunft: Der Bart des Freundes hatte den Herrgott wieder in mein Zimmer geholt und zugleich den Barterhaltungssatz bestätigt.

Der Bart des Freundes musste vom Herrgott kommen, da er unmöglich von mir kommen konnte. Und vom Herrgott musste er deshalb kommen, da außer mir und dem Herrgott niemand da war, von dem der Bart meines Freundes hätte kommen können. Wenn der Bart meines Freundes aber vom Herrgott kam, dann musste der Herrgott Teil des Systems "ich, Freund, Herrgott" sein, in dem die Summe aller Bärte, nach dem Barterhaltungssatz, immer gleich bleibt. So waren zu meiner Freude, durch den Besuch meines neuerdings bärtigen Freundes, der Herrgott, die Physik und ich wieder vereint. Ich will nun der glücklich geeinten Trias (Herrgott, Physik, ich) in einer Sphäre fern dieses Papiers Raum und Zeit zum stillen Genuss der wiedererlangten Einheit geben, dabei schweigend dem Freund, der sprachlos und an meiner geistigen Unversehrtheit zweifelnd meinen Freudensprüngen, die ich jetzt einstelle, zugeschaut hat, die Möglichkeit geben, die Ursache seines Läutens in Worte zu fassen. "Lass uns klettern gehen! Wie wär's mit den Dolomiten? Toller Fels! Ich hab' einen Führer von den drei Zinnen ausgeliehen. Hast du Zeit? Warum antwortest du nicht? Die Nordwand der großen Zinne reizt mich besonders. Ein bisschen schwer, aber wir sind ja gut. Hast du was zu trinken? Ich muss mal aufs Klo. Wie spät ist es? Können wir heute noch fahren? Jetzt habe ich bei meinem Redefluss in die Hose gemacht."
Mein Freund - ich werde ihn hinfort, um ihn nicht immer mit "Freund" bezeichnen zu müssen, Jonny nennen, auch des Liedes wegen, das mir durch den Kopf ging, als er sich verabschiedete: Good bye, Jonny..., mein Freund Jonny also verließ mich, bevor ich den Satz über sein Weggehen zu Ende schreiben konnte.
Am nächsten Tag saßen wir in meinem ferrariroten Sportwagen und fuhren mit zweihundertsechzig Sachen über die Autobahn.

Da der größte Gepäckraum meines Flitzers das Handschuhfach ist, darin aber gerade mal meine Sonnenbrille Platz findet, mussten sämtliche Kletterutensilien auf Jonny und zwischen seinen Füßen deponiert werden. Begannen die Rucksäcke auf dem Beifahrersitz zu schwanken, wusste ich, dass mein Kletterpartner noch lebte; gegen das Gewicht des Gepäcks versuchte er Luft in seine Lungen zu bringen. Ich war ihm deswegen nicht böse, obwohl ich die Luft, die ich zum konzentrierten Fahren benötigte, ungern mit jemandem teilte, der im Moment keinerlei Funktion hatte.

Wie bei jeder Fahrt in die Alpen hörten wir "Der Watzmann" von Wolfgang Ambros; immer wieder und besonders laut die Zeile "Mit voller Wucht, haut's mein Buam in die Schlucht. Und man hört's wie's weithin schallt: aber mei Bua, der fallt, der fallt, aber mei Bua, der fahallt, der fallt." In vier Stunden waren wir am großen Parkplatz auf der Südseite der Drei Zinnen. Bis auf zwei Brechpausen, in denen Jonny den vorbeifliegenden Schmetterlingen, dem Pfauenauge und dem Zitronenfalter, sein Frühstück und sein gestriges Mittagessen gezeigt hatte, waren wir ohne Unterbrechung durchgefahren.

Es war Abend - Schlafenszeit.

Als mit den ersten Sonnenstrahlen Hunderte von Autos einfuhren, Autotüren zugeschlagen wurden, tausend Stimmen den idyllischen Sonnenaufgang über den Bergen priesen und Pfennigabsätze Löcher in unsere Luftmatratzen stanzten, war es um unseren Schlaf geschehen. Zwischen dreibeinigen Hunden und fotografierenden Japanern kochten wir Teewasser. Jonnys Bart, der über Nacht enorm gewachsen war, ließ uns zum gefragtesten Motiv des gesamten Parkplatzes werden. Durch das Blitzgewitter war immer wieder der erstaunte Ruf "Leinhold, Leinhold" zu vernehmen. Wir wollten schnellstmöglich von hier weg. Außerdem schmeckte der Tee heute irgendwie nach Harn. Er hatte auch einen ungewöhnlich intensiven gelben Farbton. Wir schütteten den Rest des Zitronenharntees an den nächsten Autoreifen. Die Hunde, die plötzlich an diesem Reifen schnupperten und ihr Hinterbeinchen hoben, übersahen wir - zumindest taten wir so, als würden wir sie übersehen. Wir packten das Notwendigste (Magnesiabeutel und Sonnenbrille) zusammen und joggten in fünf Minuten zum Einstieg der Schweizerführe an der Westlichen Zinne. Die schönen Italienerinnen, die uns am Fuß der 600 Meter hohen Wand liebevoll - das heißt küssend und so weiter - empfingen, nahmen uns unsere Turnschuhe ab, stellten sie auf einen großen Stein und huldigten ihnen. Nachdem wir die Sonnenbrillen aufgesetzt und großzügig Autogrammkarten unter den Italienerinnen verteilt hatten, kletterten wir Kusshände werfend und "We are the champions" pfeifend, durch den stahlharten Dolomit-Kalk der überhängenden Nordwand.

Dass wir dank der Sonnenbrillen im nordseitigen Schatten von den Konturen dieser Wand sehr wenig sahen, störte uns nicht. An den VII+-Stellen (der senile Kurt Albert hat mit seiner IX--Bewertung ganz schön übertrieben) schossen wir Action-Fotos: mit nur einem Finger in einem fünf-Meter-Dach hängend und dreihundert Meter Luft unter den Füßen. Echt cool!

Nach zwei Stunden standen wir auf dem Gipfel und zehn Minuten später standen wir wieder am Einstieg, wo uns die inzwischen knapp zweihundert schönen Italienierinnen die Kletterschuhe aus- und die Sportschuhe anzogen. Dazwischen küssten die einen unsere Füße während die anderen unsere Lippen abwechselnd mit Prosecco kühlten oder mit ihren Lippen wärmten.

"Hübsche Eingehtour. Nur zu kurz. Ich bin nicht einmal warm

geworden", sagte ich zu Jonny. "Ja, mir ist auch nicht richtig warm geworden", antwortete Jonny, "es war richtig kalt heute Nacht." Heute Nacht? Ich nahm die Sonnenbrille ab. Italienerinnen wo seid ihr? "Jonny, wo sind die Mädels?"
"Welche Mädels?"
Als mir klar wurde, dass ich alles nur geträumt hatte, ließ ich langsam wieder die Sonnenbrille auf meine Nase sinken. Schweigend trottete ich Jonnys blauem Rucksack hinterher. Am Fuß eines schrecklich hohen und schrecklich steilen Turmes blieb Jonny stehen. "So! Jetzt geht's los." "Was, da hinauf? Durch diesen überhängenden Riss? Das ist ja mindestens VI+!" Jonny überhörte mein Gejammer und kletterte los.
"Stand!"
Ich begann ein Vaterunser zu beten.
"Du kannst kommen!"
"... und die Kraft, und die herrliche Kraft..."
"Wo bleibst du denn?"
"... die Kraft in Ewigkeit..."
Jonny zog so stark am Seil, dass ich beinahe in der Luft hing.
"Amen!"
Todesmutig folgte ich dem gespannten Seil. Jonny empfing mich mit dem unangenehmen Hinweis: "Du kannst gleich weitersteigen." Ich ließ mir meine Angst nicht anmerken, brachte einen Meter nach dem Stand die erste Zwischensicherung an, einen Meter später die nächste und so fort. Der Riss, in dem ich mich hocharbeitete, wurde immer enger. Bald steckte ich dank meines Rucksackes fest. Beim Versuch freizukommen stieß ich mit der Deckeltasche des Rucksacks gegen den Fels. Plötzlich tönte die Melodie "Oh when the saints go marchin' in" aus meinem Rucksack. Ich begann zu fluchen - etwas, das ich sonst Jonny überließ. "Then Lord let me be in that number...." - schon

wieder mit einem Knopf der Uhr gegen den Fels geschlagen. Ich verwünschte meine Armbanduhr, die zu meiner verzweifelten Lage fröhliche Musik spielte. Ich musste aus diesem Riss raus. Langsam gab ich den sicher klemmenden Halt des engen Spalts auf und lehnte mich der Schwerkraft des Rucksacks folgend nach außen. Unter mir saugende Tiefe. Schweiß drang aus allen meinen Poren. Ich streckte mich nach einem großen Griff, blieb noch einmal mit dem Rucksack hängen - "aber mei Bua, der fahallt, der fallt..." - und erreichte mit letzter Kraft einen kleinen Absatz. Ich hatte kaum "Stand" gerufen, da stand auch schon Jonny neben mir. "Eine halbe Stunde für zwanzig Meter einfaches Vierergelände. Alle Achtung!"

Ich schäumte vor Wut. "Moment noch, Jonny!" Gerade wollte ich meinen Klemmkeilzieher Jonny ins Maul stecken, um dessen Rachenspreizfähigkeit zu testen und ihn zum Schweigen zu bringen, da war er auch schon fünf Meter über mir. Kein Wort redete ich mehr mit ihm. Als wir später abseilten, sagte Jonny: "Da der Preußriss so gut geklappt hat, können wir ja morgen die Comici an der Großen Zinne in Angriff nehmen."

Während mich in der Nacht die Angst vor dem kommenden Tag am Schlafen hinderte, brachte Jonny mit seinem lauten Schnarchen das lockere Gestein in den Zinnen zum Zittern. Leise lösten sich die Steine aus den Wänden, schrien in ihrem Fall durch vorstehende Simse jäh gebremst einen dumpfen Laut in die schweigende Nacht und verstummten, bis sie am Fuße des Berges ihren letzten Schrei gegen die hohen Felsen schleuderten, indem sie zerplatzten.

Als ich endlich einschlafen zu können gedachte, graute der Morgen, was Jonny zum Anlass nahm, um lautraschlig in seinen Plastiktüten zu wühlen.

Exkurs: Die heilige Tütenhochzeit

Plastiktüten sind Jonnys Religion. Vor dem Schlafengehen und ehe die Sonne aufgeht feiert Jonny die heilige Hochzeit von Tüten und Hand. Während Jonnys Linke sanft einen Tragegriff umschließt, verliert sich die andere in der unsichtbaren Tiefe der Tüte. Hand und Tüte verschmelzen miteinander und werden für kurze Zeit zu einer untrennbaren Einheit. Diese Handlung führt Jonny bei jeder der vielen Tüten aus, die er mit in die Berge nimmt. Begleitet wird der Ritus, der zwischen dreißig und sechzig Minuten dauert, von einem rhythmisch-meditativen Räuspern. Das Räuspern ergibt zusammen mit dem Rascheln der Tüten eine Harmonie, die in ihrer Gleichförmigkeit und übernatürlichen Perfektion einen Rausch und mystischen Zauber bewirkt. In den vielen Jahren, in denen ich Jonny bei diesem Ritus beobachten konnte, bin ich immer tiefer in die Geheimnisse seiner Religion vorgedrungen, habe verstehen gelernt, welch tiefe Symbolik in Jonnys Tütenkult steckt: Die Tüte symbolisiert mit ihrer großen Öffnung die fruchtbare Mutter Erde. In der Vielzahl und Unterschiedlichkeit der Tüten kommen die verschiedenen sichtbaren und fühlbaren Formen zum Ausdruck, die die Erde hervorbringt. So repräsentiert zum Beispiel die orange-blaue Aldi-Tüte das gelblich orangene Dolomit-Gestein, das in den blauen Himmel ragt. Jonnys Hand in den Tüten steht für sein Eintauchen und Eins-Werden mit der Erde. Jonnys Arm ist ein langer Phallus, der in den Erdenschoß gleitet. Im Kulminationspunkt dieser Vereinigung von Jonny und Welt, wird ein Fetisch gezeugt und geboren. In einem letzten Aufbäumen reißt Jonny mit seinem Arm den Fetisch aus der Mutter und sinkt erschöpft mit dem zauberkräftigen Tütenkind zu Boden. Der Fetisch kann ein Stück Wurst sein, eine Brille, oder ein anderes wertvolles Ding, das in Augenblicken der höchsten Bedrohung Jonny neue Kraft verleiht.

Nachdem ich diese Einsichten in Jonnys religiösen Tütenritus gewonnen habe, ist Jonny für mich fast zu einem Heiligen geworden. Eine tiefer gehende Einheit von Kletterer und Mutter Erde wie die Jonnys ist kaum möglich.
Aus Ehrfurcht vor dem Heiligen werfe ich mich sogleich auf die Knie - lärmend und schmerzhaft. Ich stecke ja noch in meinem Schlafsack, als ich mich kniend verbeuge. Der Schlafsack rutscht zwar von den Schultern, gibt jedoch die Hände nicht frei. Dadurch ist es mir nicht möglich, mich mit den Händen auf dem Boden bremsend gegen die Schwerkraft meiner Vorbeuge und damit vor dem Aufschlagen des verschlafen verknitterten Gesichtes auf dem harten Dolomit, der gehäckselt gestreut unseren Schlafplatz säumend umgibt, zu schützen. "Ach die kleine Schramme", so würde ich meinen Freunden erklären, "die habe ich mir in der 7. Seillänge der Großen Zinne Nordwand geholt. Da war diese echt fiese siebener Stelle. Nur morsche Haken, der letzte acht Meter unter mir, und dann war da kein Griff außer dieser kleinen Leiste, Füße voll auf Reibung. Ich sag euch, der Haken hätt' den Sturz nie ausgehalten. Und affenkalt war's - ihr wisst ja: Nordwand. Also null Gefühl mit den Fingern auf der Leiste und sonst gar nichts, null Tritt. Und dann der schwere Rucksack auf'm Buckel. Da gab's nur eins: durchziehn oder scheiße abschmiern. Und beim Einarmigen bin ich eben mit der Nase am Fels hängengeblieben...". Schöne Heldengeschichte!
Ich solle machen, dass ich fertig werde, meint Jonny. Er unterbricht mich dadurch in einer lebenserhaltenden Tätigkeit, dem Bummeln und Aufschub bewirkenden Heldengeschichten-Erfinden.
"Ich kenn' deine Taktik", so Jonny, "du hast die Hosen voll und trödelst so lange, bis es zu spät ist."

Bin ich entlarvt? Unmöglich! Nie würde ich, bestausgerüstetster Bergsteiger, traumhafter Bezwinger namloser Nordwände, mich fürchten, vor dieser ...

"Es reicht!"

"Ok, ok, Jonny, ich bin ja gleich fertig." Alles für die Katz: langer Exkurs, Kniefall, innere Monologe, Hinausschieben des Aufbruchs durch die textuale Beschreibung des Hinausschiebens des Aufbruchs ...

"Wir sehen uns am Einstieg!"

Scheiße!

Über die Durchsteigung der Comici/Dimai an der Nordwand der Großen Zinne (Sextener Dolomiten) will ich hier nichts schreiben. Helden genug haben diese klassische Führe dramatisch erlebt und ausführlich beschrieben oder kurz hinter sich gebracht. Wir waren keine drei Tage unterwegs wie die Erstbesteiger, dennoch zu lang, um am selben Tag wieder von der Großen Zinne herunterzukommen. Es war unsere erste große alpine Kletterei und unser erstes Biwak. Die Nacht war kalt. Jonny und ich waren am nächsten Tag gewachsen und der Herrgott hatte Stoppeln im Gesicht.

Charpoua

Fremde Welt Charpoua, der vertrauten Welt so tückisch nah. Plötzlich raubt sie mir jeglichen Halt unter meinem rechten Fuß, während mein linker sich noch von der vertrauten Welt getragen weiß. Dann steh' ich hilflos, nackt und blind, Gewitterstürme peitschen und vereisen mich. Zu spät kommt die Erkenntnis, dass, was nah schien, doch so fern und anders ist. Charpoua - eine Hütte und ein Gletscher tragen deinen Namen. Der Gletscher ist die Wildheit, die unberechenbare Kraft, der eisig körperhafte Reiz Charpouas. In der Hütte das Geheimnisvolle; in sprachlosem Dunkel gebiert dort Charpoua Geister, die hämisch grinsend mit granit'nen Kugeln nach den Menschen kegeln. Zu zweien reißen sie mit ihren Händen kleine Risse im Gletscher zu weiten Spalten auf. Des Nachts kriechen sie aus den Planken, aus den Decken, aus der Luft und sprengen alle Poren deines Körpers auf, um dich zu überfluten, deine Träume zu verformen.

Ein Klappern holt dich aus dem fremden Traum. Gemalt von einer Flamme, die sich um einen Docht auf einer Kerze baucht: das Bild, das sich dir bietet. Der fahle Schein reicht kaum zu dir herüber. Die Geister sind noch nicht verflogen. "Gib acht! Noch vor dir werden sie am Gletscher und im Felsen sein, und wenn dein Blick nach vorn gewendet, springen von hinten sie dich an und greifen nach deinem Leben.

Die Hüttenwirtin hat mit einem Streichholz Licht gemacht. Sie stellt Wasser auf das Feuer, schneidet Brot. Wir richten uns auf. Die Schatten, die sich hinter uns an den Wänden abzeichnen, sind nicht die unseren. Im Schein der Kerze stärken wir uns. Es

wird nicht viel gesprochen. Hier ist ein Ort der stillen Sinne. Wir waren gestern aus dem Tal gekommen, mit dem Zug. Mit seinen Zähnen biss er sich den Berg hinauf.
Hinab auf den Gletscher - da vorne sieht man die Nordwand der Grandes Jorasses, die ich mit dem Mund schon viele Male durchstiegen habe. Noch sind wir nicht allein, also auf dem richtigen Weg! Die Karte zeigt deutlich, an welcher Stelle des jenseitigen Ufers wir den Gletscher verlassen müssen: da ist diese Einbuchtung, dann die beiden kleinen Wasserfälle, dazwischen eine Rinne. Dort geht es hinauf! Den Gletscher gequert und hier ist die Rinne. Und wo ist der Weg? Her mit der Karte! Her mit dir, Weg! Schon immer habe ich es gehasst, wenn Wege sich vor mir verstecken: Immer wenn ich irgendwohin will, auf eine Hütte, in eine Stadt oder ins Paradies, immer sind die Wege just in dem Moment verschwunden, in dem ich mich auf sie machen will. Oder so ein Bösewicht, mein unbekannter Zwillingsbruder, hat die Schilder vor meinem Eintreffen abmontiert. Davon habe ich die Nase voll. Hier und jetzt wird sich etwas ändern. Wenn Karte und Gelände meinen, sich gegen mich verschwören zu müssen, dann sollen sie sehen, was sie davon haben: ich werde sie ignorieren! Da der Weg hier sein muss, ist er auch hier! Die Existenz des Weges an dieser Stelle folgt aus meiner Gewissheit, dass er hier zu sein hat. Für meinen unbelehrbaren Dickkopf geht unser Weg durch diese steile Rinne. Die Beschaffenheit dieser Rinne wird dafür sorgen, dass auch hinter uns, dieser ‚Weg' nur Wille und Vorstellung sein wird. Denn dieser steile Moränenschutt hinterlässt keinerlei Spuren, wird auch keine Spuren von mir hinterlassen, wenn ich in diesem Gelände den Abgang mache und in einer Spalte verschwinde; über mich werden die Steine fallen, die ich zu meinem Weg bestimmt hatte. Einen Augenblick noch hätte ich

Zeit, meine momentane Situation mit zwei anderen Situationen zu vergleichen und dann abzuwägen, was ich lieber wäre: ein toter Pharao in seiner Grabkammer oder ein französischer Ötzi, ein zukünftiger "Monsieur Mer de Glace"?
Da es nun einmal beschlossen ist, dass wo ich bin, auch der Weg zu sein hat, wird keine Minute mehr auf die Suche nach einem anderen Weg verschwendet, auch wenn er weniger gefährlich sein könnte, wahrscheinlich bequemer zu gehen, sicher weniger anstrengend, bestimmt schneller. Alles richtig. Aber wer mir im Gebirge mit Argumenten kommt, der kann auch gleich mit der Seilbahn fahren. Eine Memme ist der, und ich der Held. Und deshalb gehen wir jetzt hier hinauf. Basta! "Es geht doch gut", sage ich nach den ersten zwanzig Metern, ehe ich wieder da stehe, von wo ich losgegangen bin. Ich schaue auf meine Hände, dann auf meinen Po: er schmutzig, sie bluten. Der zweite Anlauf. Je höher wir steigen, desto steiler und schuppiger wird der Untergrund. Auf glattpoliertem Granit klebt eine millimeterdünne Schicht Sand. Auf ihr liegen zwischen drei und dreihundert Kilo schwere Steine, die nur darauf warten von einem Windhauch angeschubst zu werden. Mit einem Hui seh' ich sie den Abhang hinabrasen, gegen den leichteren Bruder im Berg-ab-Rollen und Gletscher-Zerdeppern gewinnen. Inzwischen haben wir eine Hangneigung von fünfzig Grad erreicht, die Hände krallen sich an einzelne Grashalme, jeden Moment kann die dünne Sandschicht reißen. Unsere Herzen rasen, halbtot vor Angst. "Ist man als Halbtoter nicht schon ein halber Engel?" frage ich mich, "als halber Mensch nur noch halb so schwer?" Einflügelig schweben wir über den losen Hang. Nahe am Ausstieg ins Grün wird der Klebesand senkrecht. "Hmmm! Bei höchsten Schwierigkeiten muss angeblich oft dynamisch geklettert werden. Schön! Griff- und Trittkombination einprä-

gen: die Wurzeln der Latsche dort oben, die schon nach dem Tal winken, anspringen und mit der rechten Hand greifen; mit dem rechten Fuß auf den kleinen Kiesel, der aus dem senkrechten Sand herausragt, und dann durchziehen!" Schon bin ich oben! Auch Nils kommt wohlbehalten oben an. Dreißig Meter durch die Latschen und wir stehen vor einem ausgetretenen Weg. Wenn nun jemand käme, würden wir entweder pfeifen oder Heidelbeersträucher ausgraben, denn nur dazu haben wir unsere Pickel mitgenommen! Nur widerwillig folge ich diesem langweiligen ausgetretenen Weg, der so gar nichts von mir und meinem Heldentum hat.

Wir sind bald zwei Stunden unterwegs; die Sonne schon länger, ist deshalb müde, leuchtschwach. Aufgrund der nahenden Dämmerung lege ich meinen heldenhaften Starrsinn ab und folge dem ausgetretenen Weg. Der endet zunächst an einem Plattenschuss. Hier war einmal Gletscher und hier wird bald wieder Gletscher sein, wenn Charpoua weiter mit dieser spür- und hörbaren Vehemenz vorrückt. Bisweilen schickt der Gletscher Steine und Eisbrocken.

Egal ob man schnell oder langsam die dreihundert Meter auf die andere Seite quert, die Chance, erschlagen zu werden oder auszurutschen, besteht immer.

Es geht wieder bergauf. Die Hütte steht auf einem Felssporn, der von unten über Eisenleitern erreicht wird. Es ist schon dunkel, als wir die Hütte betreten. Die Tür fällt hinter uns zu. Wir sind plötzlich nicht da, wo wir soeben noch waren. Vor der Türe Westalpen und Schweiß, hinter der Türe ein fernöstlicher Tempel. Weihrauch steigt uns in die Nasen ehe unsere Stirnlampen die indischen Götter an den Wänden erleuchten. Zwischen Innerem und Äußerem der Hütte liegen Kontinente. Nur eine steinerne Hülle, eine Haut steht auf dem Felssporn; der von der

Hülle umgebene Kern, was inwendig ist, liegt weit von hier. Trittst du über die Schwelle, wirst du durch den Raum katapultiert. Unser Äußeres verharrt noch in den Alpen, während unser Atman von den Ufern des Ganges emporsteigt zu den heiligen Tempeln. Die schweren Schuhe, die Rucksäcke dürften hier nicht sein. Wir müssen sie vor der Schwelle ablegen; außen nach außen und innen nach innen. Wir allein in geweihter Luft. Nur der sehenden Seele enthüllt sich die Nacht. Die Stimme der Wächterin von Charpoua spricht das Orakel: "Bonatti interdit". Aus einem Verschlag, kaum größer als einer der zwölf Schlafplätze, kommt die Warnung. Wir erschrecken, da wir bei unserem Eintreten niemanden gesehen haben. Ein Unglück in der Dru Westwand: Steinschlag hat das gemeinsame Leben eines Kletterpaares beendet. Sie tot, er, tagelang neben der Toten, konnte nicht geborgen werden. "Bonatti interdit!"

Es ist fünf Uhr morgens. Die Wirtin hat Nils und mich mit besorgten Augen aus der Hütte entlassen. Niemand geht vor uns, niemand hinter uns. Der Führerautor Hartmut Eberlein schreibt über "Süd-Flanke und SW-Grat": IV und III, 6-7 Stunden vom Refuge de la Charpoua, 2 Stunden bis zur Grathöhe." Diese Tour wird kein Spiel. Die in Zahlen ausgedrückten Schwierigkeiten täuschen. Die Gesamtanforderungen sind hoch. Der Charpoua-Gletscher ist in diesem Jahr besonders gefährlich. Ständig in Bewegung, drückt er mit seinen Eismassen gewaltig gegen die Felswände, die ihn begrenzen. Aus Spalten besteht dieser Gletscher, aus nichts außer Spalten. An Stellen, an denen keine Spalte zu erkennen ist, da lauern die tiefen Schlünde unsichtbar unter weichem Schnee. Kleine Risse gibt es hier nicht. Die Spalten sind breit und tief. Nur einen Weg scheint es durch dieses Labyrinth zu geben. Wir sehen, wie die Spur über eine Schneebrücke führt. Die Spalte darunter ist gut fünf Meter breit und mindestens dreißig Meter tief. Einen tieferen Blick verhindern die senkrechten Wände der Spalte. Der Weg über diese Brücke ist eine Hoffnung, aber kein Weg, die Brücke gefrorenes Nichts, das sich von Minute zu Minute in Tropfen auflöst. Das Blut gefriert mir bei jedem Schritt stärker in den Adern. Der T-Anker beruhigt nur den Sichernden. Ich stehe auf der Brücke, atme nicht. Die Perlen, die von meiner Stirn tropfen, vereinigen sich mit dem Schnee, der unter mir wegschmilzt. Ohne Geräusch perlt mein Scheiß über den Spaltengrund. Ich fühle die Luft unter mir. Ich weiß um das Seil an meinem Körper, das mich sichert, und wenn ich stürze, in einem Pendelschwung gegen die eisigen Spaltenwände beschleunigt. Sie werden hart sein. Meine Knochen sind weich. Sie werden nachgeben und brechen. Mein Schweiß wird rot über das Eis rinnen und Nils sich vergeblich mit meiner Bergung abmühen.

Ich bin auf der anderen Seite angelangt. Nils kommt sicher bei mir an.

Der Übergang in den Fels ist problemlos und leicht zu finden. Wer sich des Wetters sicher ist, kann hier seine Eisausrüstung zurücklassen. Ungesichert klettern wir das linke plattige Felscouloir hinauf. Das rechte gilt es schnell zu queren, denn alles, was die Dru nach Süden von sich gibt, kommt hier vorbei. Die Felsen sind glattpoliert von den gewaltigen Wasserfällen, die nur wenige Minuten nach einem Wolkenbruch die Couloirs füllen. Wer sich dann noch nicht an einen geschützten Ort gerettet hat, den es nicht gibt, der hat die granitene Schwimmmedaille sicher; erschlägt oder zermalmt sie ihn nicht mit dem Gewicht von tausend Tonnen, dann kommt sie posthum auf seinem gefrorenen Wassergrab zu liegen, als Preis für den geglückten Schwimmrekord und für sein Leben!

Wo uns der Aufstieg in dieser breiten Schlucht am einfachsten, nicht einfach, scheint, da greifen und treten wir den festen Fels. Er wird sich wohl nicht revanchieren!? Je höher wir steigen, desto tiefer könnten wir fallen, was das Auge schon tut. Nicht bald aber endlich haben wir nach über drei Stunden die Grathöhe erreicht. Zwei Engländer kriechen gerade aus ihren Biwaksäcken. Die Kälte der vergangenen Nacht ist ihnen trotz dicker Daunenwesten anzusehen. Wir schauen in die braunrote senkrechte Wand, die an den Bonattipfeiler anschließt. "Bonatti interdit!" Tagelang neben der toten Freundin in der haltlosen Wand.
Keine Wolke am Himmel. Die Sonne beginnt die Felsen aufzuwärmen. Wir lassen Steigeisen und Pickel zurück. Ich steige voraus. Meine erste Zwischensicherung ist oft die letzte und die neue erste: der Stand. Den einfachsten der nach oben führenden Risse wähle ich. Den Führer zu konsultieren, hat schon nach der ersten Seillänge keinen Sinn mehr. Eberleins Beschreibung führt eher zum heiligen Gral als durch diese Wand. Die Engländer überholen uns. Ich nicke ihnen freundlich zu: "We‘re looking for the holy grale!" Ihre Gesichter sehe ich nicht, wohl aber den Kamin, den sie erklimmen. Ich erinnere mich des negativen zeitlichen Vorsprungs, den sie durch ihr Biwak uns gegenüber haben, und halte mich weiter rechts. Eine hübsche Verschneidung - eine von hundert. Während unsere Freunde auf einer kleinen schrägen Plattform links über mir stehen, kämpfe ich mich einen Kamin hinauf, der immer enger wird. Die letzte Sicherung ist Nils am anderen Ende des Seils. Über den Haken, der unvermutet vor mir auftaucht, ist das Weiß meiner Unterhose sehr dankbar. Vorsichtig spreche ich den Haken an, frage ihn nach dem Wetter und seinem Befinden. Ich erheitere ihn mit einem Schwank aus meinem Leben. Bevor es mei-

ner Unterhose zu braun wird, breche ich das Gespräch mit dem Haken ab und hänge den Karabiner ein. Das Gespräch hat sich gelohnt: der Haken hält. Ich hatte befürchtet, dass der nicht von der Sonne braungebrannte Eisenstift einen Schreck bekommt und aus der Wand fällt, wenn sich plötzlich ein fescher Karabiner in ihn einklinkt. Ich steige noch drei Meter höher und stecke fest. Würde ich den Rucksack jetzt abnehmen, käme ich noch einmal drei Meter höher. Für die darauf folgenden Meter wären dann Hemd und Hose fällig. Den durch Ablegen von Kleidungsstücken, cutanem und subcutanem Gewebe maximal erreichbaren Höhengewinn schätze ich auf fünfzehn Meter. Der Kamin hat nach diesen fünfzehn Metern noch eine Breite von zwanzig Zentimetern. Die im Führer angegebene IV für den Schwierigkeitsgrad dürfte sich dann eher auf die Anzahl der Extremitäten beziehen, die man nirgendwo sinnvoll platzieren kann, um diese Kletterstelle zu bewältigen. Denkbar ist auch, dass Herr Eberlein, Autor des in München gedruckten Mont-Blanc-Führers, mit den römischen Zahlen die Anzahl der Flüche angibt, die ein Kletterer in einer Route bzw. an einer bestimmten Stelle ausstoßen muss, um die Schwierigkeiten zu meistern. Die römische Zahl III für die Kletterei über den Brenvasporn auf den Mont Blanc könnte sich folgendermaßen anhören: I)"Jetzt werfe ich diese dumme Stirnlampe gleich in die nächste Spalte! Da gibt ja ein Streichholz mehr Licht!" II) "Wenn ich den erwische, der mir von kompaktem Chamonix-Granit gesprochen hat, dann kriegt der von mir höchstpersönlich eine Ladung von diesem kompakten Zeugs auf den Schädel!" III) "Verdammter Drecks-Berg!"
Zurück zu meiner Lage im Kamin der Petit Dru. Mit Blick in den Kamin hinein, der eigentlich eine Kaminverschneidung ist, den Beinen frei hängend, dem Rucksack links und rechts an der

Wand als einzigem Haltepunkt, denke ich über die nahe Zukunft nach. Ich kann dazu sogar eine Hand zu Hilfe nehmen und ans Kinn führen. Die nächsten Aktionen werden begleitet von Stöhnen und Flüchen (IV)! Dann schaue ich wieder mit den Beinen frei hängend, dem Rucksack rechts und links an der Wand als einzigem Haltepunkt auf Mont Blanc de Tacul und die Aiguilles von Chamonix vor mir, Luft und nichts unter mir. Mehr hat sich nach meiner mühsamen Drehung um 180° nicht geändert. Als ich die Engländer jetzt rechts neben mir höre, und die, wie ich vernehmen kann, einen guten Stand haben, entschließe ich mich, zu ihnen hinüberzuqueren. Das bedeutet: noch einmal um 180° drehen, den Rucksack freibekommen - jedoch nicht, bevor Hände und Füße Halt gefunden haben -, dann einen Meter im engen Kamin abklettern, meine einzige Zwischensicherung aushängen, noch einmal zwei Meter abklettern, dann nach links queren und über einen kleinen Überhang auf die Plattform, auf der die Engländer stehen. Nils hört an meinen Flüchen, dass ich eine VII klettere. Ich mache Stand und sichere Nils nach. Während ich sichere, kann ich mich mit einem der Engländer über den Weiterweg unterhalten. Sein Seilpartner ist ungefähr drei Meter über ihm und das schon seit geraumer Zeit. Mindestens so lange wie er schon da oben steht, ruft er nach unten, dass es dort oben leichter werde. Ich denke an das Biwak der Engländer, an meine letzten Biwaks, schaue auf die Uhr und wieder nach oben. Der Urenkel der Alpenpioniere steht immer noch am gleichen Fleck. Als Nils bei mir angekommen ist, hören wir drei Meter über uns "It‘s getting easier up there!" Der sichernde Brite neben uns: "I think, it‘s getting easier up there!" Mittag ist vorbei. Die Hütte liegt tief unter uns. Die Aussicht, die ich eben im Kamin steckend genossen hatte, ist grandios. Die Fels- und Eisriesen von Chamonix

in warmer blauer Luft. Kein nicht-englischer Mensch, kein nicht-englischer Laut stört das Gefühl der Erhabenheit.
Unser Entschluss abzubrechen steht fest. Der Abstieg wird kaum weniger Zeit in Anspruch nehmen als der Aufstieg. Um 5 Uhr sind wir los, jetzt ist es 13 Uhr. Das Risiko, uns immer schlimmer zu versteigen und dem Gipfel nicht näher zu kommen, dabei Stunde um Stunde verstreichen zu lassen, bis der Abstieg zur Hütte bei Dunkelheit, durch das weglose Couloir und über den zerklüfteten Gletscher, nicht mehr möglich ist, erscheint uns zu groß. Die beiden Engländer werden ein zweites Biwak an der Dru erleben. Wir kehren um. Was uns beim Aufstieg orientierungslos gemacht hat, hilft uns jetzt, schneller auf die Schulter zu kommen: Abseilschlingen. Mit unguter Vorahnung - Granit hält Seile, die sich an ihn schmiegen und an ihm reiben, gerne fest - seilen wir am Doppelseil fünfzig Meter ab. 10 Meter lassen sich abziehen, dann ist Schluss. Zu zweit ziehen wir an einem Strang, ohne Erfolg. Zu weit über uns hängt das andere Ende. Über gestuftes Gelände rechts der Abseilstelle kann ich ohne allzu großes Risiko so weit hochklettern, dass ich das kürzere Ende zu fassen bekomme. Mit einem Prusikknoten gesichert ziehe ich mich so weit am Seil hoch, bis meine Arme sauer werden und ich endlich den Riss, in dem das Seil festsitzt, erreiche. Von nun an wird nur noch mit einem Seil abgeseilt. Ab der Schulter, das Couloir hinunter, erleichtert uns manche Schlinge den Abstieg. Das Abklettern in dieser breiten Rinne erfordert höchste Konzentration: die Schwierigkeiten sind oft so groß, dass mit dem Gesicht zum Fels abgestiegen werden muss. Dabei klettert man leicht zu weit hinab, sieht dann nicht mehr den Fluchtweg aus dem Couloir, weiß plötzlich nicht mehr, ob hoch oder runter, rechts oder links. Überall könnte der Weg sein.

Wir finden den Durchschlupf und stehen endlich wieder auf dem Gletscher. Seine Oberfläche ist am späten Nachmittag völlig aufgeweicht. Die Steigeisen sind hinderlich; sie lassen uns bei jedem Schritt um mehrere Zentimeter wachsen. Auf diesen Schneestelzen torkeln wir so lange, bis wir, inzwischen auf zwei Meter angewachsen, den hohen Schwerpunkt und die glitschige Auflagefläche nicht mehr ausbalancieren können und in den Schneematsch fallen. Ohne schweren Schnee und Eisen an den Füßen geht es besser. Wir folgen angeseilt der Spur von heute morgen. Ich denke an die erste Schneebrücke und will doch nicht an sie denken. Am Morgen war die Brücke aus Hoffnung und kalter Luft zusammengeklebt; dass sie unter uns nicht zusammengebrochen ist, war ein kleines Wunder. Ein zweites Wunder wird es für uns nicht geben! Wie aber kommen wir über die fünf Meter breite Spalte. Wir werden die Hütte sehen, sie aber nicht erreichen können. Zum Rufen nah wird sie sein; unsere Stimmen und Augen werden als einzige über den Spalt hinüberfliegen. Und wir? Nein, ich will nicht daran denken! Ich will einfach weiter der Spur folgen, die uns so schön durch das weiche nasse Eislabyrinth führt. Die Spur hört auf! Vor uns ein tiefer Schlund! Die Brücke existiert nicht mehr. Das erste Mal in meinem Bergsteigerleben weiß ich nicht weiter. Heute früh habe ich den Gletscher mit den Augen nach einem anderem gangbaren Weg abgesucht, denn die Brücke war schon am Morgen ein Risiko. Ich sah kein anderes Durchkommen, als den vorhandenen Spuren zu folgen. Und auch jetzt, da wir vor dem Abgrund stehen und überall von tiefen Spalten umgeben sind, sehe ich keinen anderen Weg als den, auf dem wir stehen und der fünf Meter entfernt, unerreichbar für uns, weitergeht. Für diese Situation habe ich keinerlei Lösungsstrategien. In mir ist nichts, das eine Antwort geben könnte; keine Idee für ein Wei-

terkommen entspringt meinem Kopf. Von Handlungsunfähigkeit gelähmt schaue ich vor meinen Füßen in die Tiefe, dann hinüber, wo die Spur weitergeht, und wieder in die tiefe Spalte. Zehn Minuten sage ich nichts. Wir haben zwei Eispickel und zwei Eischrauben. Es wäre Wahnsinn, in die Spalte abzuseilen und dann auf der anderen Seite wieder hochzuklettern. Mit nur zwei Eisschrauben für die Zwischensicherung und zwei langen Spazierstockpickeln müsste ich dreißig Meter senkrechtes bis überhängendes Eis überwinden. Vielleicht sind es auch mehr als dreißig Meter - den Spaltengrund können wir nicht sehen. Der Gedanke schnürt mir die Kehle zusammen: nach fünfundzwanzig Metern senkrechten Eises, die letzte Eisschraube sieben Meter unter mir, völlig entkräftet unter einem baumhohen überhängenden Eiswulst auf vier kurzen Eisenzacken zu stehen, die Waden in Schmerzen verkrampft, die Hände vor Kälte gefühllos, an einem einzigen Pickel hängend, den anderen wieder und wieder vergeblich in das Eis schlagend, ohne dass er greift, bis mir der andere Pickel aus dem Eis rutscht und ich im Fallen genau weiß, dass keine Eisschraube halten wird, dass ich erst auf dem Spaltengrund gebremst werde. Der dumpfe Schlag, als der ich neben Nils zu liegen komme, wird der letzte Laut meines dann leblosen Körper sein.
Irgendetwas befreit mich aus meiner Lethargie. Ich kann niemandem dafür danken, denn ich weiß nicht wem. Ich binde mich ins Seil, lege die Steigeisen an; Nils soll mich sichern. Ich gehe auf den Spuren ein Stück zurück, biege dann nach rechts ab, geradewegs auf eine andere Spalte zu. Behutsam setzte ich einen Fuß vor den anderen auf den Schnee, der wie ein Tuch über der Spalte liegt. Ein Stück hinunter, ein Stück hinauf. Ich habe jetzt Eis unter den Füßen. Die Brücke hat mich getragen, und sie ist besser, viel besser als jene, die es nicht mehr gibt.

Noch bin ich nicht am Ziel, noch weiß ich nicht, ob ich durchkommen werde. Es ist ein Weg ins Ungewisse, den ich aber dem sicheren Ende gerne vorziehe. Nils kann mich nicht mehr sehen. Unheimlich wird es ihm. Ich muss an anderes denken. Nein, ich denke nicht, ich überwinde eine kurze Steilstufe. Vor einem mit Schnee überzogenen Eisklotz muss ich nach links queren, dann ein Stück absteigen und wieder hoch. Ich sehe Nils, ich lebe und keine Spalte trennt mich mehr von der nahen Spur. Ich bin das Seil ganz ausgegangen. Eine Schraube ins Eis und Nils kann nachkommen. Er soll nicht bei mir stehen bleiben, sondern gleich weitergehen. Ich sage ihm nicht, dass lediglich das Eis unter der Schraube fest und tragfähig ist. Alles Weiß um uns ist hauchdünn und kann jeden Moment unter uns wegbrechen. Das aber interessiert uns nicht mehr. Wir sind wieder in der Welt! Wir fliegen der Hütte entgegen. Die Wirtin ist froh, dass wir gesund zurückgekehrt sind. Ich gebe die Information über den neuen Weg durch den Gletscher an die vielen Bergsteiger, die ihr Glück morgen versuchen werden, weiter. Wie schön war es für uns, allein in der Hütte und am Berg gewesen zu sein. Wir schauen vergeblich nach den beiden Engländern. Sie werden den Abstieg auf die Hütte nicht mehr schaffen. Die Wettervorhersage verspricht schönes Wetter. So werden die beiden eine kalte aber trockene zweite Biwaknacht an der Dru verbringen. Wir bleiben nicht in der Hütte, sondern steigen weiter ab. Zwölf Stunden ohne Pause, immer konzentriert, nie leicht - Beine und Kopf werden schwer. Ist der Abstieg bis ins Tal möglich? Nicht das Mer de Glace traversieren und zum Bahnhof Montenvers, sondern auf dem Gletscher bleiben, bis er aufhört und dann links auf einen Weg, der durch den Wald hinunter nach Chamonix führt. Es dämmert schon, als wir auf dem Mer de Glace ankommen. Prophylaktisch sage ich zu Nils: "Biwakieren werde ich nicht! Diesmal nicht!" Wir kommen gut voran, verlieren schnell an Höhe. Der Gletscher reißt jetzt an seinen Rändern auf, bildet Arme, die sich am Ufer festhalten. Wir folgen einem dieser Arme, um vom Eis herunterzukommen. Doch dieser Arm verästelt sich, bildet Berge und Schluchten. Hier kommen wir nicht weiter. Wir müssen zurück. Gibt es überhaupt eine Möglichkeit, von diesem Gletscher herunterzukommen? Wir verwerfen unseren Plan, über die Gletscherzunge abzusteigen, entscheiden uns, doch Montenvers anzusteuern und steigen die schönen umsonst verlorenen Höhenmeter wieder auf. Von Minute von Minute wird es dunkler. Schon müssen wir die Stirnlampen einschalten. Mit dem Sonnenuntergang legt sich die Kälte auf das Eis. Wir legen die Steigeisen an.

Zwei betrunkene Schatten stolpern in der Dunkelheit über das Eis. Ein dritter Schatten zieht von Charpoua herunter. Die beiden sehen in ihm eine Brücke ans Land. Aber es war nur ein Schatten. Noch spielt Charpoua mit den beiden; sie sind seinem Reich noch nicht entronnen. Und je finsterer es wird, desto weiter reicht seine Macht! "Der Eingang zu einem Gletscherstollen! Direkt unter uns!" So nah und doch so fern! Es gibt keinen Weg hinab. Die Batterien werden schwächer. Fast blind tasten wir uns immer wieder an den Rand des Eises und finden doch keinen Weg ans Ufer. Wir sind völlig ausgetrocknet, am Ende unserer Kräfte. Die Dunkelheit ist auch in unsere Köpfe gekrochen. "Es muss hier sein! Es muss hier sein!" Und endlich, endlich, eine letzte Hoffnung in mir hat sich noch daran geklammert, weiß ich mich, auch ohne eine Hand vor Augen zu sehen, auf bekanntem Terrain. Noch kracht Eis unter den Steigeisen, schon mischen sich Steine darunter, dann stehen wir auf Felsen. Die Eisenleiter, die hinaufführt zur Endstation der Zahnradbahn, ich weiß es: wir sind ihr ganz nah. Aber ich habe keine Kraft mehr. Das wichtigste ist geschafft: feste Erde unter den Füßen. Der Geist gibt auf, der Körper bricht zusammen. Noch wenige Meter im Geröll hinauf. Zwischen Kiefern kriechen wir in den Biwaksack. Zunge und Gaumen ausgetrocknet, noch einen Bissen Brot zwischen die Zähne, dann schlafen, schlafen, schlafen.

Die ersten Stunden des folgenden Tages sind die schönsten jeder großen Bergfahrt. Das Eintauchen in die vertraute Welt. Der kurzzeitig zu höchster Intensität gesteigerte Genuss des Entbehrten. Mit der ersten Bahn kommen uns schwere Rucksäcke entgegen. Nur für uns zwei rüttelt der Zug ins schlafende Chamonix. Der Duft frischer Croissants stimmt uns auf das Frühstück ein. Menschen reden mit uns. Wir antworten ohne Geist. Weit entfernt hält Charpoua uns noch immer gefangen, ruft noch in mancher Nacht, dringt in unsere Träume ein, hält einen Teil unseres Geistes für immer gefangen.

Homo- oder Monowak

Zur Herkunkft des Wortes „Biwak“

Der Kluge sagt: „Biwak kommt aus dem Niederdeutschen. Es bezeichnet die Bei- oder Hauptwache.“ Ich sage: Biwak kann gar nicht aus dem Niederdeutschen kommen, da ein Biwak nicht im Niedern, sondern in höchsten Höhen gemacht wird. Es kann also höchstens aus dem Hochdeutschen kommen. Gegen einen deutschen Ursprung insgesamt spricht jedoch, dass „wak“, der Stamm des Wortes „Biwak“, sich in keinem weiteren deutschen Wort nachweisen lässt. Bevor ich die tiefere Bedeutung des Stammes „wak“ und der Vorsilbe „bi“ erläutere, muss ich noch einmal, bezugnehmend auf die Bezeichnung „Bei- oder Hauptwache“, mit Nachdruck betonen: der Kluge hat Unrecht. „Beiwache“ weiß kein Mensch was das ist, und „Hauptwache“ ist die Leitstelle von Feuerwehr oder Polizei. Und die haben beide sicher rein etymologisch nichts mit dem Wort „Biwak“ zu tun.

Zur Analyse des Wortes „Biwak“: Es besteht aus der Vorsilbe „bi“ und dem Stamm „wak(e)“. Das altarktische Wort „wake“, von dem im Laufe der häufigen Benutzung über die Jahrhunderte hinweg das Endungs„e“ abgefallen ist, bezeichnet zunächst eine offene Stelle im Eis, davon abgeleitet auch das Eis- oder das kalte Loch.

Problematisch ist die Herleitung der Vorsilbe „bi“ in Biwak, da nicht eindeutig belegt werden kann, ob „bi“ der Reihe „homo, hetero, bi“ oder der Reihe „mono, bi, poly“ entstammt. Die Partikel der zweiten Reihe, „mono, bi, poly“, bedeuten übersetzt: eins, zwei, viele. „Mono“ in Monolog zum Beispiel bezeichnet ein Gespräch, das eine Person mit sich selbst führt. Im Unterschied dazu führen in Biologie zwei Parteien einen Dialog miteinander: der Forscher und die Natur. Ein besseres Beispiel für „bi“ ist das Bier, das seine Wirkung erst entfalten kann, wenn man zwei davon trinkt und das man immer mit einem Trinkgefährten, sprich zu zweit genießen sollte. Bi steckt auch in dem Wort Karabiner, einer zweiläufigen Flinte, die von den Karabinieri, der italienischen Polizei („italienische“ und „Polizei“ - zwei Wörter!) in ihrem Kampf gegen die Mafia eingesetzt wird. Wie italienische Kriminalpsychologen herausgefunden haben, lassen sich Mafiosi am Effektivsten durch einen gezielten Flintenschuss auf die beiden Pobacken bekämpfen. Daher die doppelläufige Flinte: ein Lauf für jede Backe.

Der Karabiner bietet nicht nur eine schöne Illustration für „bi“ in der Bedeutung von zwei, sondern er ist zugleich linguistisch insofern bemerkenswert, als er auch semantisch eng mit Biwak verwandt ist. Diese semantische Verwandtschaft zwischen Karabiner und Biwak lässt sich anhand einer Romanfigur Karl Mays nachweisen. Derselbe Kara wie in Karabiner begegnet uns nämlich in Kara ben Nemsi, der Hauptperson im Roman „Durch die Wüste“. Und von Kara ben Nemsi kommt man ganz einfach zu Biwak, wenn man weiß, dass Karl May, der Schöpfer von Kara ben Nemsi, auch einen Roman mit dem Titel „Winnetou“ geschrieben hat. „Winnetou“ wurde in den sechziger Jahren verfilmt . Uschi Glas als Indianersquaw. Und die schöne Musik, nein, war die schön. Martin Böttcher hat sie passend zu Indianeruschis zwei langen Zöpfen komponiert. Es sind aber nicht die zwei (bi) Zöpfe der Uschi Glas in der Winnetouverfilmung, die die Bedeutungsverwandschaft von Biwak und Kara ben Nemsi kennzeichnen, was auch völlig unsinnig wäre, da der heldenhafte Kara ben Nemsi und zwei Zöpfe schwerlich zusammen passen. Nein, die einfache und logische Verbindung zwischen Biwak und Kara ben Nemsi besteht darin, dass die Filmaufnahmen zu Winnetou - nur zur Wiederholung: Winnetou und Kara ben Nemsi haben einen gemeinsamen literarischen Vater- zum Teil in den Julischen Alpen gemacht wurden. Und Alpen jeglicher Art sind, da hoch und mit eisigen Löchern bestens ausgestattet, der ideale Ort für alle Formen des Waks. Um die Frage zu klären, ob das „bi" in Biwak der Reihe" mono, bi, poly" (eins, zwei, drei) zuzuordnen ist, muss auch das poly (viele) untersucht werden. Das Präfix „poly" (viele) findet man, da es aus dem Griechischen kommt, hauptsächlich in alten griechischen Wörtern, z.B. in Polyphem, dem Zyklopen aus der Odysee des Homer, der jedoch - das stellen wir hier fest - eigentlich Monophem heißen müsste, da er ja bekanntlich nicht viele(poly), sondern nur ein Auge hatte. „Poly" kommt auch vor in dem ebenfalls aus dem Griechischen stammenden Wort Polytiker. „Poly" (viel) trifft hier auf den Stamm „tike" (nehmen) und bezeichnet eine Person, die viel nimmt.

Als erstes Ergebnis der Herleitung des „bi" in Biwak lässt sich Folgendes festhalten: entstammt die Vorsilbe „bi" in Biwak der Reihe „mono, bi, poly", dann bedeutet Bi in Kombination mit wak: zwei in einem kalten Loch.

Eine ganz andere Bedeutung erhält das Biwak, wenn man es aus der Reihe „homo, hetero, bi" herleitet. Die drei Partikel „homo, bi, hetero" geben landläufig die geschlechtliche Disposition eines Menschen an. In Kombination mit „wak" ist dann „homowak" die Gleichgeschlechtlichkeit im kalten Loch, „heterowak" die Verschiedengeschlechtlichkeit im kalten Loch. Und Biwak bezeichnet die Verschieden- und Gleichgeschlechtlichkeit im kalten Loch; in Menschen ausgedrückt: zwei Männer und eine Frau oder zwei Frauen und ein Mann gleichzeitig im kalten Loch.

Abschließend lässt sich sagen, dass die Untersuchung der etymologischen Wurzeln des Wortes Biwak das Problem der ungeklärten Zuordnung des „bi“ in Biwak zu einer der beiden Wurzeln - mono, bi, poly oder homo, hetero, bi - zu dem erstaunlichen Ergebnis führt, dass das „bi“ sowohl beiden als auch nur einer und daher keiner der beiden Reihen entstammt. Wie ist das möglich? „Bi“ entstammt beiden Wurzeln, weil „bi“ zwei bezeihungsweise beide bedeutet (siehe oben). In der Bedeutung zwei leitet sich „bi“ von der Reihe „mono, bi, poly“ ab. Eine Herleitung von der Reihe „homo, hetero, bi“ ist in diesem Zusammenhang unsinnig, da es sich um eine Anzahl und nicht um geschlechtliche Dispositionen von Wurzeln handelt. Wenn nun aber eine Herleitung nur von der ersten Reihe (mono, bi, poly) möglich ist, kann „bi“ nicht gleichzeitig von beiden Reihen hergeleitet werden. Das Biwak entpuppt sich damit als etymologisches Dilemma. Eine Lösung dieses Dilemmas ist nur durch eine Änderung des Bezugssystems möglich. Ein anderes Bezugssystem erfordert auch einen anderen Klugen als den, der den Anstoß zu dieser Untersuchung gegeben hat. Dieser andere Kluge hat sein Bezugssystem nicht in der Etymologie, sondern im realen Biwak. Er sagt, dass beim Wakieren das Poly- dem Monowak aus thermischen Gründen vorzuziehen ist. Ob das Biwak dann als Homo- oder Heterowak durchgeführt wird, das Polywak als Homo-, Hetero- oder Biwak, bleibt den persönlichen Vorlieben vorbehalten.

Gekürzt veröffentlicht in der Zeitschrift „klettern“, Heft 3/00

Weiss bis Rosa

Ich erinnere mich.

Weil ich etwas Äußerliches verinnerlicht habe, kann ich mich erinnern, an jenes Äußerliche erinnern. Wie sich aber damals dies Äußerliche um mich und mit mir ereignete, nicht ich der Gestaltende und Agierende, sondern der auf nicht greifbare Angriffe wehrlos Reagierende war, so bin ich auch jetzt der aufziehenden Erinnerung an das damals Geschehene nahezu machtlos ausgeliefert. Sicher kann ich versuchen, die Bilder, in denen die Erinnerung das damals Geschehene festgehalten hat, im Augenblick ihres Vor-Augen-Tretens durch andere Bilder zu überdecken; ich kann dies tun, indem ich Bilder anderer vergangener Geschehnisse hervorhole oder indem ich gegenwärtig vor meinen Augen sich Ereignendes oder Seiendes betrachte. In beiden Möglichkeiten kämpfe ich gegen meine eigene Erinnerung. Ich versuche, Herr meiner eigenen Erinnerung zu werden: nicht meine Erinnerung soll darüber entscheiden, welche Bilder vor meinen Augen entstehen, sondern ich will entscheiden, ob und welches Bild aus der Erinnerung hervortreten darf. Gelingt mir das, so ist die Macht der Erinnerung, die mir Bilder aufdrängt, die ich meinerseits verdrängen, durch andere Bilder ersetzen kann, geringer als die Macht des damaligen Ereignisses, aus dem es keinen Fluchtweg, kein Verdrängen gab, in dem es für mich nichts als Erdulden und Erleiden, die Annahme des Unausweichlichen gab.

Die erinnerten inneren Bilder sind für den Körper leichter zu ertragen als die äußerlich stattfindenden und wahrnehmbaren Realitäten, da erstere nur das innere Auge quälen können; was sich aber um mich ereignet, ereignet sich um und mit meinem ganzen Körper. Fällt ein Ziegel vom Dach eines Hauses, an dem ich hinaufblicke, so wird er mich niederstrecken, meinen Schädel spalten; Blut wird aus meinem Körper fließen. Erinnere ich mich Wochen später, noch immer im Krankenhaus liegend, daran, wie ich in diese horizontale, von Weiß umgebene Lage kommen konnte, so wird das Bild des herabfallenden Dachziegels weder Schädel noch Blutgefäße spalten.

Stünde ich nackt bei Minus 40°C auf dem Gipfel des Denali, so würde ich binnen weniger Minuten nicht mehr stehen, sondern liegen, binnen weiterer Minuten fester Bestandteil des dortigen Gletschers sein. Schreibe ich aber dieses fiktive Beispiel nieder, male es mir in meinen Gedanken aus, so kann ich in diesem Bild stundenlang bei Minus 40°C auf jenem Bergesgipfel stehen, ohne die geringsten Frostschäden davonzutragen. Vielleicht überkommt mich dabei ein leichtes Frösteln, überzieht mich Gänsehaut.

Ich nehme ein Bad.

Mit dem Dampf der mich umfließenden Hitze steigen eisige Bilder aus meiner Erinnerung empor. Im warmen Wasser liegend sehe ich Schnee. Diesen Schnee kann außer mir niemand sehen, auch meine eigenen Augen können ihn nicht sehen. Der Schnee fällt vom Kopf hinab zu den Füßen, der Sturm bläst ihn von meiner rechten zu meiner linken Hand; er rast durch meine Brust, streift mein Herz. Die weißen Flocken wirbeln in meinem Bauch.

Ein jedes Mal, wenn ich das kalte Bild betrachte, das die Erinnerung an damals bringt, fällt Licht darauf und es verliert an Farbe. Kräftig waren die Farben des Geschehens, als ich in es verschlungen war. Nun bin ich Betrachter, sehe die Farben schwinden. Das einmalige Geschehen ist vergangen, das aus-

bleichende Bild kommt immer wieder. Auch in der Summe seiner nur durch meinen Tod endlich gemachten unendlichen Wiederholungen wird mich das Bild weniger bewegen als das einmalige Erlebnis.
Dabei ist letztlich jegliches Ereignis einmalig, da jeder Zeitpunkt einmalig ist: die Kirchturmuhr schlägt um 12 Uhr zwölf (und vier) mal, zweimal an jedem Tag. Sie ordnet zwei Momenten jeden Tag die Uhrzeit zwölf zu. Es ist immer dieselbe Zahl, die zugeordnet wird, es ist immer derselbe zeitliche Abstand zwischen Mittag und Mitternacht und es ist im System "Stunden und Minuten" immer zur selben Zeit Mittag und Mitternacht, aber nicht im System "Tage, Monate, Jahre"! Schlägt die Uhr beim übernächsten Mal zwölf, ist bereits ein anderer Tag, damit ein anderer Punkt in der Zeit. Jeder Zeitpunkt ist ein Monolith. Jedes Ereignis ist singulär.
Die Einmaligkeit eines jeden Zeitpunktes beinhaltet jedoch nicht seine Einzigartigkeit. Das zu einem bestimmten Zeitpunkt sich ereignende Geschehen wird zu einem einzigartigen erst dadurch, dass es von ganz anderer Art als alle anderen Geschehen ist; es hebt sich in der nie oder selten zuvor dagewesenen Art von allen anderen einander artverwandten Ereignisssen ab. Nur dieses eine, das andren Wesens ist als all die artverwandten immer zu singulären Zeitpunkten sich ähnlich wiederholenden Ereignisse - Aufstehen, Essen, Arbeiten - malt ein so kräftiges Bild in die Erinnerung, dass auch nach Jahren seine Leuchtkraft die Farblosigkeit des Alltäglichen überstrahlt.
Der Schweizer Wetterbericht hatte schönes Wetter vorhergesagt, für einen Tag.
Ich schwebe den Berg hinauf, lautlos in der Erinnerung.
Unser Ziel ist "Die weiße Hölle". Viele Bergsteiger haben am Piz Palü um ihr Leben gekämpft. Fand dieser Kampf in einem Film

statt, so folgten ihm Glückwünsche für die erfolgreich abgedrehte Szene und eine Zigarette. Von den wirklichen Kämpfern hier am Berg erfährt man weniger. Am meisten noch von denen, die den Kampf verloren: ein Holzkreuz im Tal, eine Tafel am Felsen.

Der Aufstieg gestaltet sich wenig spektakulär. Der Winterschnee hat die Gletscherspalten überdeckt und den Gipfelgrat zu einem breiten Weg gemacht.

Nach dem dritten Palü-Gipfel geht es hinunter auf die Bellavista-Terrasse. Wind bläst vom Morteratsch-Gletscher zu uns herauf, unförmige Wolken überziehen den Himmel. Wir kennen die Wetteraussichten: es soll schlechter werden. Zwischen der Bellavista-Terasse und der Marco-e-Rosa-Hütte besteht im Winter die Möglichkeit über das Labyrinth, einen im Sommer kaum begehbaren Gletscherbruch, abzusteigen. Der Wind gewinnt an Stärke, die Wolken beginnen zu rasen. Wir wollen absteigen, gehen in die richtige Richtung, kennen aber den Abstieg nur ungenau. Breite Spalten, steile Abbrüche und hohe Eistürme versperren uns den Eingang ins Labyrinth. Uns bleibt keine andere Wahl als zur Marco-e-Rosa-Hütte hinüberzuqeren. Haben wir Glück, bleibt das Wetter noch einen Tag schön, dann können wir morgen noch auf die Bernina. Der Himmel wird immer dunkler. Im Winter ist nur die alte Hütte offen; sie steht noch näher als die neue an einem Sattel, der bei schlechtem Wetter wie eine Düse wirkt, die alle ankommenden Winde, jeden Regentropfen und jede Schneeflocke auf enorme Geschwindigkeiten hochbeschleunigt und jedem, der sich im Umkreis des Sattels befindet, entgegenschleudert.

Die alte Marco-e-Rosa-Hütte ist ein kaltes Loch, eine Blechbaracke mit einer Tür, die nicht schließt. Kein Ofen, kein Kocher, keine Heizung. Eine Ablage vor dem Fenster, auf der gekocht werden kann, sofern man einen Kocher auf knapp 3600m hochgetragen hat, ein Tisch und Stühle, Matratzenlager für ungefähr 20 Personen, 10 unten, 10 oben, 30 alte Wolldecken. Die Lagerplätze neben der Tür sind halb mit Schnee bedeckt, der ständig durch die Tür hereingeblasen wird. Die 15 Personen, die sich in der Hütte befinden, können mit ihrer Körperwärme den Raum kaum über 10°C aufheizen. Schnell führen die Blechwände entstehende Wärme nach draußen ab; Durch jede Ritze kommt Kälte herein.

Eine große Gruppe mit mehreren Schweizer Bergführern und eine Zweierseilschaft sind bereits in der Hütte, als wir am späten Nachmittag eintreffen. Wir suchen uns freie Matratzen, möglichst weit von der Türe entfernt. Da die besten Plätze schon besetzt sind, bekommen wir keine zugluftfreien Lager mehr. Auch die trockenen Decken sind größtenteils vergeben. Die Decken von den Lagern am Eingang sind kalt und feucht, aber besser als keine Decke. Das kalte Abendbrot ist zu wenig und der heiße Tee fehlt, um unsere Körper von innen aufzuwärmen. So begeben wir uns fröstelnd zu Bett, unten die kalte Matratze, oben die klamme Wolldecke. In der Nacht, in der ich vor Kälte kaum schlafen kann, höre ich den Wind, wie er sich gegen die Blechwände wirft und durch den Türspalt pfeift. Die Dunkelheit ist früh gekommen und bleibt lang. Ich wälze mich schlaflos hin und her. Bei jeder Drehung dringt kalte Luft unter die Decke.

Der neue Tag ist sonnenlos. Das Licht, das durch die Fenster in unsere Eiskammer kommt, ist milchig. Schaue ich aus dem Fenster, sehe ich kein Draußen, nur eine weiße Masse. Die einzigen Konturen, die es noch zu geben scheint, sind wir Bergsteiger und alle Gegenstände im Innern der Hütte. Um uns herum sind überall weiße, unsichtbare Wände.

Ich will auf die Toilette, muss dazu die Hütte verlassen. Die Türklinke lässt sich leicht nach unten drücken. Plötzlich wirft sich die blecherne Tür auf mich. Der Sturm, der draußen wütet, will die Wellblechschachtel und alles in ihr zerfetzen und fängt damit bei der Tür an, die ich gerade in der Hand halte. Doch die Türangeln leisten guten Widerstand und ich bin auch noch stark genug, mich gegen den Sturm zu stemmen. So rosig das milchige Weiß durch das Fenster aussah, so wenig hatte ich mit einem derart gewaltigen Sturm gerechnet. Die wenigen Augenblicke außerhalb der Hütte hatten genügt, mir die nie zuvor erlebte Heftigkeit eines Sturms zu demonstrieren. Außerdem war mir klar geworden, dass es an Wahnsinn grenzt, bei diesem Wetter den Versuch zu unternehmen, ins Tal zu kommen. Die Ereignisse im Laufe des Tages sollten mir in meiner Einschätzung recht geben. Und dennoch verließ ich wie alle anderen die Hütte.

Die Bergführer meinten, sie seien dem Sturm überlegen. Sie wagten mit ihrer Gruppe den Abstieg und zogen durch ihre Bergführeraura auch die Zweierseilschaft und Jo und durch Jo schließlich auch ich mich aus der Hütte. Weder die Zweierseilschaft noch Jo wollte allein auf der Hütte zurückbleiben. Jo und ich bildeten mit der Zweierseilschaft zusammen eine Viererseilschaft. Wir versuchten, der Gruppe mit den Bergführern zu folgen. Im Abstand von 5 Metern hatten wir uns ins Seil eingebunden. Die Sicht war miserabel. Ich konnte gerade noch meinen Vordermann sehen. Wir hatten die Felle auf die Ski geklebt; es musste also bergauf gehen. Es hätte aber genauso gut sein können, dass es bergab ging. Der Sturm blies uns vorwärts. Die Augen sahen nur noch weiß. Die Windjacke hielt mir die Kälte vom Oberkörper, aber meine Beine fühlten sich an, als ob sie unbedeckt wären; der Sturm öffnete die Maschen meiner

Hose und blies seine eisige Luft auf meine Haut. Wir waren vielleicht 10 Minuten unterwegs; es können auch nur 5 Minuten gewesen sein; möglicherweise war inzwischen schon eine Stunde vergangen. Der konturenlose Raum, der angefüllt war mit weißem, ohrenbetäubendem Tosen, hatte jegliches Zeitgefühl weggeblasen. Das Licht um uns war nicht das Tageslicht, sondern das Licht der weißen Hölle. Von der Hütte hinter und von der Gruppe vor uns war bald nichts mehr zu sehen und auch Spuren waren nirgendwo zu entdecken. Alles binnen Sekunden verweht. Wir sammelten uns. Der Orkan war so laut, dass wir einander in die Ohren schreien mussten, um uns einigermaßen zu verstehen. Keiner von uns wusste, wo wir waren. Wir konnten unmöglich hier im Schneesturm stehen bleiben und warten, bis wir eingeschneit wurden oder vor Erschöpfung und Unterkühlung umfielen. Der Kampf gegen den Sturm zehrte schnell unsere Kräfte auf. Vier Männer und zwei Schaufeln. Wer nicht grub, kauerte im Schnee um dem Sturm wenig Angriffsfläche zu bieten. Ich war froh, wenn ich schaufeln durfte; so wurde mir wenigstens ein bisschen warm. Die Eis- und Schneekristalle, die der Orkan mit sich brachte, hatten inzwischen so häufig in mein Gesicht eingeschlagen, dass es vor Schmerzen glühte.

Endlich war die Schneehöhle fertig. Einer nach dem anderen kroch hinein. Der Sturm brach ab und wurde von einer gespenstischen Stille abgelöst. Wir legten uns in die Biwaksäcke und warteten. Der Sturm hatte uns schon zu sehr zugesetzt, als dass uns hätte warm werden können. Wir warteten, warteten und überlegten: Mit Karte und Kompass kannst du dir einen Marschplan erstellen: Du notierst dir, wie weit du in eine bestimmte Richtung gehen musst; am Zielpunkt angekommen, stellst du deinen Kompass auf die neue Richtung ein und gehst wieder so weit wie du beim Erstellen des Marschplans aus der

Karte abgelesen hast. Wir hatten Karte und Kompass, und wir hatten das Ziel: Marco-e-Rosa-Hütte. Etwas Entscheidendes fehlte: unser Standpunkt! Keiner wusste, wo wir waren. Die Richtung, in der wir die Hütte verlassen hatten, war noch klar, aber nicht, wie weit wir diese Richtung eingehalten hatten. Waren wir nach Osten, Westen, Norden oder Süden abgedriftet? Unser derzeitiger Standort konnte nicht ermittelt werden. Wir konnten nur vermuten, wo wir uns befanden. Mit der Ungenauigkeit des Ausgangspunkts wurde der gesamte Marschplan ungenau. Bei guter Sicht muss ein Marschplan nicht genau sein, da man das Ziel frühzeitig sieht; bei guter Sicht wird aber auch niemand auf die Idee kommen, einen Marschplan zu entwerfen. Bei schlechter Sicht muss ein Marschplan genau sein: Hat man den Plan nicht präzise erstellt, sich um zehn Meter vertan, so wird man sein Ziel um eben diese zehn Meter verfehlen, statt auf die Hütte auf einen Abhang stoßen, der wie die Hütte, an der man ohne es zu merken vorbeigelaufen ist, unsichtbar sein wird. Erst in dem Moment, in dem man den Schritt in den Abgrund tut, spürt man den Planungsfehler.

Wir konnten unseren Rückweg zur Hütte ähnlich genau bestimmen wie man einen Gewinn beim Roulette-Spiel im Voraus planen kann.

Wir kauerten in der Stille unserer Schneehöhle. Hatte der Sturm aufgehört? "Wenn der Sturm jetzt nachgelassen hat, könnte sich auch die Sicht verbessert haben. Wir müssen es wagen!" Das Luftloch, das wir offen gelassen hatten, um nicht zu ersticken, war klein geworden. Der Sturm hatte es mit Schnee schon fast ganz zugeweht. Ich vergrößerte die Öffnung und musste sogleich spüren, dass die Hoffnung auf ein Nachlassen des Orkans eine Illusion gewesen war. Aus der Ruhe unserer Höhle heraus schien mir das Unwetter sogar noch schlimmer geworden zu sein. Ich sah nur den eisigen Schnee, der mir in den Augen schmolz. Unser schöner Marschplan musste bei diesen unverändert schlechten Sichtverhältnissen scheitern. Da tauchte aus dem undurchdringlichen Schneegestöber ein Mensch auf. Es war wie ein Wunder. Zwei der Schweizer Bergführer waren auf dem Weg zurück zur Hütte. Just in dem Moment, als die beiden an unserer von außen nicht erkennbaren Schneehöhle vorbeikamen, streckte ich meinen Kopf heraus. Die Bergführer wussten den Weg zur Hütte, den Weg, den wir mit unserem Marschplan nie gefunden hätten. Dieses Wunder der Begegnung im Schneesturm war unsere Rettung. Schnell war unsere Höhle geräumt. Der Marsch im widrigen Wetter war uns in Anbetracht der Sicherheit, die Hütte wieder zu erreichen, tausendmal lieber als in der Schneehöhle auf besseres Wetter zu warten oder mit unserm Marschplan ins Verderben zu stürzen. Bei dem Versuch, den Rucksack aufzusetzen, an dem ich meine Ski befestigt hatte, wurde ich umgeworfen, als wäre ich aus Pappe. Der Sturm scherte sich nicht um 70 Kilo. Was ihm in den Weg kam, warf er zu Boden. Einer der Bergführer trug meine Ski. Nach wenigen Minuten Fußmarsch kamen wir überglücklich, gerettet zu sein, wieder dort an, von wo ich schon am Morgen nicht hatte aufbrechen wollen. Die Hütte hatte alle, die sie am Morgen verlassen hatten, wieder. Niemandem, war es gelungen, die weißen Wände zu durchbrechen. Allen stand die Erschöpfung ins Gesicht geschrieben. Keiner hatte sich weiter als fünfhundert Meter von der Hütte entfernen können; eine Tagesleistung von einem Kilometer war damit das Maximum, was die stärksten unter uns gegen die Gewalt des Sturmes hatten erkämpfen können. Aber um welchem Preis? Warum nur musste dem Wetter, das allemal stärker ist als Tausende von uns Menschlingen, die Stirn geboten werden? Wer meint, es mit

den Naturgewalten aufnehmen zu können, der riskiert sein Leben und wird in seinem Hochmut zu Recht fallen.
Der nur kurze Marsch hatte die Gruppe, die ihren Bergführern blindlings gefolgt war, so stark geschwächt, dass einer der Kunden seinen Rucksack nicht mehr hatte zurücktragen können. Gefangen in diesem blechernen Kühlschrank inmitten einer riesigen Wind- und Frostanlage begann für uns die zweite Nacht. Der Sturm heulte unvermindert um die Hütte, deren Inhalt er nicht loslassen würde. Die Lager in Türnähe wurden immer mehr von Schnee bedeckt, der durch die Ritzen hereingeblasen wurde.
Ich hatte in der Hoffnung, mehr Decken würden mehr Wärme bringen, noch zwei Decken organisiert; mit der einen wollte ich gegen die aus der Matratze dringende Kälte eine Barriere schaffen, die andere sollte mich zusätzlich von oben wärmen. Doch die drei Decken über und eine unter mir wärmten nicht mehr als eine einzige Decke.
Die zweite Nacht war eine Wiederholung der ersten, nur kälter. Die wenige Energie, die mein Körper zur Wärmeproduktion noch gehabt hatte, war während des Tages verbraucht worden. Der zweite Morgen sah nicht besser aus als der erste. Man hätte die Tage vertauschen können. Beim Gang auf die Toilette wurde mir wieder die Tür aus der Hand gerissen, wieder blendete die weiße Wand meine Augen, wieder brachen die Bergführer mit ihrer Gruppe auf, ihnen folgend die Zweierseilschaft. Erst an diesem Punkt unterschied sich der gestrige vom heutigen Tag. Aus der menschlichen Fähigkeit, Vergangenes von Gegenwärtigem unterscheiden, das eine mit dem anderen vergleichen zu können, erwuchs mir die Möglichkeit, einen Fehler kein zweites Mal zu begehen. Ich konnte Jo dazu überreden, bei der unverändert schlechten und gefährlichen Wetterlage, die Hütte

nicht zu verlassen, sondern allein hier zubleiben und auf Besserung zu warten. Die Scheidenden ließen uns einen Kocher und ihre Lebensmittel zurück.
Der Tag allein mit Jo in diesem immer kälter werdenden Loch wurde länger als es die letzten beiden Nächte gewesen waren. Mit dem Telefon an der Wand, unserer einzigen Verbindung zu einer Welt außerhalb der weißen Wände, für uns unerreichbar, hielten wir über den Verbleib der Gruppe, die sich ein zweites Mal dem mörderischen Wetter ausgesetzt hatte, Kontakt zur Bovalhütte.
Dieser eine einzige Tag zu zweit auf der Hütte, abgeschieden und gefangen, führte mich an den Rand meines Lebens, obwohl uns hier nichts passieren konnte: die Hütte war sicher, zu trinken gab es Schnee genug, zu essen hatten wir auch, das Telefon war in Takt. Während Jo aktiv war, am Tisch saß und Tee kochte, lag ich im Lager. Bald war die Gaskartusche leer. Als der Tee fertig war, erhob ich mich schwerfällig. Aus Langeweile aßen wir alle uns von den andern zurückgelassenen Essensvorräte auf. Als nichts mehr zu essen da war, kein heißer Tee zu trinken, legte ich mich ins Lager. Mir war kalt, aber es gab ja genügend Decken. Mit einer Decke unter und drei uber mir hatte ich in der letzten Nacht gefroren. Ich versuchte es mit zwei unter und vier über mir. Ich legte mich nieder und fror noch mehr. Das letzte Mal, dass ich aufstand war, als ich noch einmal zwei Decken holte und über mich legte. Von acht Decken umgeben lag ich nun da und bewegte mich immer weniger. Je weniger ich mich bewegte, um so kälter wurde mir. Da ich aber keinen Antrieb verspürte, mich zu bewegen, fror ich noch mehr. Frieren war bald das einzige, was ich noch tat. Ich war zu keinerlei Aktivität mehr in der Lage. Während Jo am Tisch saß, wurden auch meine Gedanken weniger. Ich schaute nur noch die Decke

an. Die Kälte schüttelte meinen Körper. Langsam machte sich in meinem Kopf ein Gedanke breit, der mich im nachhinein erschauern lässt, in meinem damaligen Zustand aber ganz leicht und logisch war. Es war der Gedanke, mit dem man beginnt, sich vom Leben zu verabschieden. Der eigene nahe Tod ist schon so nahe, dass er nicht mehr fremd wirkt. Ich flechte ihn in meine Gedanken ein und bin nur wenig erstaunt über die Leichtigkeit, mit der ich nun auf immer einschlafen könnte. Nur die Augen schließen und nicht mehr aufmachen. So einfach ist das. Du musst dich nicht bewegen, gar nichts tun. Das Sterben ist nur der kleine nächste Schritt auf dem Weg, den du eingeschlagen hast, als du dich heute Morgen niedergelegt hast. Das Leben ist bereits zum Großteil aus dir gewichen. Was ist noch in dir, das mit Leben zu tun hat? Du bist schon tot. Sag nur noch ja und schließ die Augen!

Ich weiß nicht, warum ich damals nicht ja sagte. Aber ich fürchte seither die Schnelligkeit, mit der sich in der Lethargie der Gedanke an den nahen eigenen Tod einstellt, und mit welcher Leichtigkeit man in diesem Zustand bereit ist, diesem Gedanken Raum zu geben und bereit ist, sich vom Leben zu verabschieden. Seither versuche ich der Lethargie zu wehren, jeder Antriebslosigkeit entgegenzuwirken.

Ich bin nicht im Winterraum der Marco-e-Rosa auf immer eingeschlafen, ich habe diesen Tag und diese dritte Nacht, die mich nicht aufgrund der Kälte fast das Leben gekostet hätte, überstanden.

Es war richtig zu warten. Am Morgen des dritten Tages in diesem Gefängnis hatte sich das Wetter gebessert. Nichts hielt uns mehr in der Hütte. Das Tor aus der "Weißen Hölle" hatte sich geöffnet; nun ging es hinein ins Labyrinth. Die Eistürme und Gletscherspalten, die unseren Weg säumten, beeindruckten uns wenig. Unter uns sahen wir das Tal, wohin die Spuren derer führten, die sich gestern in das Unwetter gestürzt hatten. Wir sahen die Boval-Hütte, mit der wir telefoniert hatten, winkten zum Gruß und gleiteten über den frischen Pulverschnee hinab ins Leben.

Ich allein

Da lieg' ich nun allein in meinem Zelt. Gemütlich hier! Noch eine Nacht auf dieser Unterlage und ich kann mein Kreuz an den Ortsgeistlichen verkaufen. Der könnte mich in seine Kirche hängen. An meinem Kreuz über dem Altar hängend gäbe ich bestimmt einen guten Jesus ab, so lebensecht - ein wahrer Mensch. Für den Heiligenschein würde die Stirnlampe schon taugen. Wenn dann ein Bergsteiger abstürzt, schaue ich von meinem Kreuz herunter auf die Trauergemeinde. Den Hinterbliebenen bin ich in meiner Bergsteigermontur, Pickel in der Lende - Voraussetzung für meine Installation in der Kirche - ein starker Trost; sehe ich doch aus wie ihr vom Berg gefallener Vater, Gatte, Bruder. "Unser gnädiger Bergsteiger-Jesus möge dem Bergsteiger Hubert Frieden und einen Platz an seiner Seite geben.", so der Priester. "Amen", ich, "aber für einen zweiten ist hier oben kein Platz", an den Priester, "er kann meinetwegen in mein Zelt." Nach dem traurigen Orgelspiel bewegt sich die weinende Schar zu meinem Zelt, schiebt den Sarg hinein, nimmt die Hüte, falls vorhanden, vom Kopf, schweigt eine Minute und geht dann in den Gasthof "Engel". Dort wartet die Blasmusik, dampft der Schweinebraten, schäumt das Bier. "Armer Hubert. Prost!"

Und ich? Was ist mit mir? Häng' über dem Altar und komm' nicht an den Messwein ran. "Hallo, Herr Pfarrer!" Hört nicht, sitzt im Engel: rote Nase, voller Bauch. "Der Wein ist mir!" beschwer' ich mich. Wer Ohren hat zu hören, höre! Vertraglich zugesichert mir der Rebensaft. Der vor mir hing, den habt ihr auch nicht dürsten lassen! Wo ist denn hier Gerechtigkeit? Mir reicht's! Besorgt euch einen andern Jesus. Und fort, verschwunden bin ich aus der Kirche.

Da lieg' ich nun in meinem Zelt. Die Sonne gibt schon warm und hell. Jetzt wird es Zeit aufzustehen. Mein Rücken schmerzt. Schlechte Unterlage. Und was macht diese schwarze Kiste in meinem Zelt? Wollen mal reinschauen. Deckel auf. Ein Bergsteiger! Wie der riecht. Ist bestimmt erst spät von einer langen Tour zurückgekommen. War zu müde, um noch zu duschen. Schlaf weiter, Kamerad! Hast genug getan, deinen Schlaf verdient!

Als ob ich mit dem stinkenden Schläfer unterwegs gewesen wäre, auf Speis und Trank verzichtet viele Stunden, ist mir die Kehle knochentrocken. Ein Labsal: Schwarzer Tee für Zen-Adepten. Und nun geschwind ins große Tal hinab. Dort fließt die Rhone. Wein wachset und gedeihet an ihren Ufern. Der Durst ist weg, bleibt noch der Hunger. "Unrein ist nicht, was in euch hineingeht, sondern unrein ist, was aus euch herauskommt." Wohl wahr, wohl wahr. Das Farbäquivalent kaufe ich im Fünferpack. Schweizer Qualitätsprodukt: Schokolade.

Zwei Freunde ruf' ich an. Stabile Hochdruckwetterlage, gute Verhältnisse. "Hast schon Martin zugesagt? Verstehe." "Gerade erst aus den Bergen zurückgekommen? Kleine Erholungspause? Alles klar." So ein Mist! Stimmungstief. "Hallo Helga! Du fehlst mir! Ich dir nicht? Du hast von meiner Bergsteigerei die Nase voll? Ich bin ein Egoist? Denke immer nur an mich? Das kann ich ab heute so oft ich will? Such' dir eine andere Dumme?" Es ist aus! Schienen, wo seid ihr, dass ich mich auf euch werfe. Guiness-Rekord: fünf Tafeln Schokolade in fünf Minuten. Ach, schnöde Welt, oh Leben voller Schnödigkeit, wenn ich nur wüsste, was 'schnöde' bedeutet.

Mit braunverschmiertem Mund und Schokoladehänden lenke

ich apathisch meinen Wagen wieder hinauf nach Saas Grund. Kühe zerplatzen auf meiner Windschutzscheibe, ein Euter bleibt am Scheibenwischer hängen, eine Flutwelle reißt mich fort und das Euter von der Scheibe. Ups, fast wäre ich von der Straße abgekommen. Nur weil die beiden Heinis nicht mit mir bergsteigen wollen. Dabei ist das Wetter perfekt. So ein Ärger, jetzt sitze ich im Wallis und kann auf keinen schwierigen Berg rauf. Und die Helga hat auch Schuld, die blöde Kuh. Da kommt mir ein Gedanke: Ich geh' allein auf den Berg. Ich bin so frustriert und deprimiert, dass mir auch vor einer Solotour nicht graust. Da Sologänger ob ihrer Willensstärke und Unerschütterlichkeit hoch geachtet sind, mache ich quasi aus meiner Frustrationsnot eine Tugend. In den Geschichten, die ich später über meine mutige Solo-Tour erzählen werde, am liebsten den beiden vor Neid erblassenden Heinis, die nicht mit mir klettern wollten, wird nur von der Tugend die Rede sein; von der Not kein Wort, denn: Ich bin ein guter und vernünftiger Bergsteiger, ein Mensch mit Selbstvertrauen und einer starken Persönlichkeit; nie wird solch ein Mensch aus der Not heraus einen Berg besteigen. So ein Mensch wie ich ist nie in Not, nie deprimiert, nie frustriert. Jeden Schicksalsschlag steckt er heldenhaft weg. Keine Träne wagt sich aus seinen Augen. Durch die um ihn einstürzende Welt geht er erhobenen Hauptes mit aufrechtem Gang, stählernen Herzens. Dem unter den Trümmern Jammernden gibt er von seiner Kraft: "Wird schon wieder! Beiß' die Zähne zusammen!" wenn er an ihm vorüberschreitet.

Es ist beschlossen. Allein werde ich schwindelnde Höhen erklimmen, das Erlebnis Berg, das erhebende Gefühl, über allem zu stehen, mit niemandem teilen. Nur ich allein und der Berg. Keiner soll der Gefahr ausgesetzt sein, von mir in eine Gletscherspalte gezogen zu werden. Ja, das Leben meiner Mitmenschen liegt mir sehr am Herzen. Die Bergsteigerei birgt viele Risiken. Keinem mute ich das Risiko zu, mich retten zu müssen. Es ist sicherer für euch, im Tal zu bleiben. Nur an die anderen denke ich bei meinem Entschluss, allein auf den Berg zu steigen. Ich bewahre euch vor der Kälte und vor der Hitze. Nur mir allein soll der eisige Gipfelwind um die Ohren pfeifen, mir allein die helle Sonne die Haut verbrennen. Das Ein- und Ausatmen bei jedem Schritt, das Herz schnell rasend den Kopf zerschlagen, die Beine schwer, den Durst, die Flasche leer, das alles erspar ich euch. Ich bin der wahre Altruist, ein Held, der alle Schmerzen, Leiden, Entbehrungen für euch, allein für euch auf seinen Rücken nimmt!

Bleibt noch die Frage: welcher Berg? Wo hinauf soll die Spur meines Leidensweges führen? Karte und Führer liegen im Zelt. Rums, der Kopf an der Kiste. Schon wächst die Beule. Hatte vergessen. Den könnte ich fragen! Deckel auf. Dieser Gestank! Junge, geh' duschen! Schläft noch, fragt sich wie lange.

Nach ausgiebigem Studium von Führer und Karte ist das Ziel schnell klar: Ein Viertausender muss es sein, hinauf und hinunter an einem Tag. Schwierige Berge kosten Zeit. Also muss es ein einfacher Gipfel sein. Allalinhorn ist sein Name. 'Wie langweilig' hör' ich dich Leser jetzt sagen, seh' dich nach dem Telefonhörer greifen, deine Großmutter anrufen: "Oma, wie wär's mit einem kleinen Spaziergang?"

"Gerne, aber mein Rollstuhl ist kaputt."

"Macht nichts, ich kann dich tragen."

"Wo soll's denn hingehen?"

"Auf das Allalinhorn."

"Allalinhorn?"

"Ja."

"Ohne mich!"

"Warum willst du nicht?"
"Ist mir zu langweilig!
"Zu langweilig? Aber Omi, das ist ein Viertausender!"
"Lächerlich!"
"Aber Großmutter!"
"Lächerlich!"
Gnädige Frau, ich glaube, sie unterschätzen diesen Berg!
"Eduard, wer hat da eben gesprochen?"
"Irgendein Bergsteiger, der auf das Allalinhorn will."
"Wieso 'irgendein'? Kennst du ihn etwa nicht?"
"Nö."
"Und wie kommt es dann, dass er in deinen Telefonhörer spricht?"
"Ähh."
"Eduard, du verschweigst mir etwas."
"Ich? Nein!"
"Eduard, tu mir das bitte nicht an! Denk an das schwache Herz deiner alten Großmutter!"
"Was meinst du, Großmama?"
"Deine Mutter hat auch schon so etwas befürchtet!"
"Was befürchtet? Ich verstehe kein Wort."
"Und dabei hatte ich mich so auf Großenkel gefreut."
"Worauf willst du hinaus?"
Ja, gnädige Frau, worauf wollen sie eigentlich hinaus?
"Mischen sie sich gefälligst nicht ein! Sie sind schließlich an allem schuld!"
Woran soll ich schuld sein?
"Dass mein Eduard schwul ist!"
"Was?"
Was? Jetzt ist es genug. Zuerst wird mein heldenhaftes Ziel lächerlich gemacht, und dann wirft man mir auch noch vor,

einen Eduard, den ich überhaupt nicht kenne, schwul gemacht zu haben. Und überhaupt komme ich durch solche Unterbrechungen nie auf meinen Berg. Ich packe jetzt meinen Rucksack. Was du, Leser, in der Zwischenzeit machst, ob du deine unverschämte Großmutter zurechtweist, oder ob du dir schnell eine Pizza holst, ist mir gleichgültig.
Der Rucksack ist gepackt. Ich gehe schlafen. Gute Nacht!
Und schon ist die Nacht vorbei. Raus aus dem Schlafsack, raus aus dem Zelt. Halt, zuerst noch einen Zettel an die schwarze Kiste gehängt: Bin auf dem Allalinhorn!
Schmerzlich fern ist mir die Welt, wenn ich über mir die Gondel sehe, die die Menschen aufwärts trägt. Als ich eine Pause machte an der Hütte - alle Türen war'n verschlossen - krochen Schemen aus dem Boden. Wie mein Zeltgenosse in der Kiste sah'n sie aus. Wollt ihr mich begleiten, mir die Einsamkeit vertreiben? Oder führt ihr in die Irre, tanzt mir um die Augen, bis ich mich verloren sehe, eh' ich stürze in die Tiefe. Blindlings setze ich den nächsten Schritt auf den spurenlosen Schnee. Tiefer wird er, immer tiefer, plötzlich schnell. Dieser Tritt war schlecht gewählt. Weiche Brücken über Spalten meidet man als Sologänger. Nun, es scheint, dieser Fehler kommt mich teuer. Rechtes Bein zur Hälfte weg und es hört nicht auf zu sinken. Wenn ich weiter kleiner werde, ist es sicher, dass von mir bald kein Rest mehr übrigbleibt. Sehe nirgends eine Bremse, die das Abwärts stoppen könnte, keinen Griff mich festzuhalten, auch kein Seil, an dem ein Kamerad meinen Lebensfaden vor dem Abriss schützt. So ich auf dem Spaltengrunde liege, wird der weiche weiße Schnee, der mir zum Verhängnis wurde, sanft und zärtlich mich bedecken, dass die aufgeriss'nen Augen und der Mund, der still dann schreit, vor der Welt, die ich verlassen, fest verschlossen in das Eis für tausend Jahr.

Erst nach Tagen, einer Woche wird mein Zelt investigiert. Gibt es manchen, der zufrieden einen Zettel an der Kiste, in der Kiste einen Menschen als den Schreiber dieses Zettels, "Fall gelöst!", nicht weiter forscht. Kommen dann die Anverwandten, denen kurz die Tränen trocknen, "diesen Toten kenn' ich nicht!", hört man Rotorblätter kreisen, Menschenmassen Spuren suchen, die die Sonne längst geschmolzen. Da, wo ich zu Fuß gegangen, heutzutage Gondeln fliegen und kein Weg mehr existiert, bleibt mein Leichnam unentdeckt. Aufgegeben wird die Suche, gehen Monate ins Land. Erst nach Jahren werde ich mit denen, die mich denkend noch am Leben hielten, sterben und vergessen sein.

Ende der Tauchfahrt. Bis zum Oberschenkel ist mein Bein eingesunken. Ich wälze meinen Körper nach vorne, bekomme das Bein frei und liege auf sicherem Untergrund. Ich schaue noch einmal in die Gletscherspalte, dann auf die andere Seite des Tals. Dort sehe ich die Weißmies. "Damals!"

Damals hatte ich in der Hütte zu ihren Füßen mit Freunden übernachtet. Sie wollten über den Normalweg auf den Gipfel. Ich war mir zu gut für den Normalweg. Ich entschied mich, allein über den Nordgrat zu klettern. Der Gletscher, der mich zum Beginn des Grates führte, war ungefährlich. Das Eis war blank, kein Schnee machte Spalten zu unsichtbaren Fallen. Die letzten Meter auf das Lagginjoch, wo der Weißmies-Nordgrat anfängt, sind steil. Im Westen wuchsen dunkle Wolken. Kein gutes Zeichen. Kommt das schlechte Wetter näher, gibt es von diesem Grad keinen Fluchtweg. Mein Mut begann zu sinken. Er sank weiter, als ich einen anderen Einzelgänger damit beschäftigt sah, seine starren Kunststoffbergstiefel gegen weiche Kletterschuhe auszutauschen. Er sei schon einmal hier gewesen, erzählte er mir, und sei gescheitert, habe umdrehen müssen, weil er mit seinen starren Schuhen nicht weitergekommen war. Mit Kunststoffbergstiefeln, so sagte er, hätte man keine Chance, die schwierigen Kletterstellen zu überwinden. Ich schaute zu meinen Füßen hinunter: schwere, starre Kunststoffstiefel. Mit schnellem Schritt versuchte ich meinen Gedanken zu entkommen. Es dauerte nicht lange, und ich stand vor einer fünf Meter hohen griff-, und trittarmen Felsplatte. Sie zeigte nach Osten. Um sie zu erklettern, musste ich den Grat verlassen und nach rechts queren. Unter mir waren jetzt gut zweihundert Meter Luft, dann der Gletscher. Sollte ich auf dieser Felsplatte ausrutschen, so würde ich erst unten auf dem Gletscher wieder zum Stehen kommen. Eine schmerzhafte Vorstellung. Über mir entdeckte ich eine kleine Leiste. Ich streckte mich und bekam sie mit der rechten Hand zu greifen. Jetzt musste ich die Füße höher bekommen. Ich nahm sie von den sicheren Tritten. Es gab nun kein zurück mehr. Entweder die Füße höher bekommen oder auf dem Gletscher zerschellen. Der Granit war zwar rau, aber ohne Vorsprung, ohne einen kleinen Absatz, auf den ich meinen starren Schuh hätte setzen können. Ich hing mit meiner rechten Hand immer noch an derselben kleinen Leiste, während meine Schuhe über den steilen Granit rutschten ohne Halt zu finden. Ich verfluchte meine Bergstiefel, wünschte mir Kletterschuhe an die Füße. Mein Wunsch wurde nicht erfüllt. Hilflos hing ich an einer Hand, deren Finger allmählich gefühllos wurden. Wann werde ich sie nicht mehr spüren? Wann wird meine Hand sich öffnen? Ehe meine Kraft verbraucht war, versuchte ich, mit meinem Schuh auf wenige Millimeter aus dem Fels herausragenden Quarzkristallen Halt zu finden. Ich hatte nur diesen einen Versuch. Ich zog mit aller Kraft an der kleinen Leiste, belastete meinen Fuß. Noch hielten die Quarzkristalle das Gummi meines Schuhes fest. Ich nutzte diesen Augenblick und bekam mit der linken Hand einen großen Griff zu fassen. Einen schweren Stein hörte ich auf dem Gletscher einschlagen. Er war von meinem Herzen abgefallen. Die schlimmste Stelle hatte ich überwunden. Was jetzt kam, war vergleichsweise einfach. Einmal begannen die Stöcke, die ich am Rucksack befestigt hatte, zu singen. Die dunklen Wolken standen über dem Grat und ließen ihre Elektrizität über ihn abfließen. Ich wich einige Meter nach links aus und suchte in einer Nische Schutz. Als die Stöcke ihr Lied zu Ende gesungen hatten, setzte ich meinen Weg fort. Der Grat wurde flacher, der Fels ging in Eis über. Bald hatte ich den Gipfel erreicht. Überglücklich war ich, als ich meinen Freunden begegnete. Der Abstieg über den Normalweg war nicht schwierig, aber gefährlich: viele überwechtete und verschneite Spalten. Diesem Abstieg wäre ich ohne Seil nervlich kaum mehr gewachsen gewesen. Der Grat hatte mich psychisch sehr geschwächt.

Wieder auf der Hütte durchzuckten Blitze den Himmel und kündigten das nahende Unwetter an. Ich bangte um den Einzelgänger mit den Kletterschuhen. Auch als der Regen die Dachrinnen zum Überlaufen brachte, das über die Fenster fließende Wasser die Welt außerhalb der Hütte vor unseren Augen verschwimmen ließ, war kein Klopfen an der Tür zu vernehmen. Der Donner hätte es ohnehin übertönt. Das Gewitter wurde schwächer, suchte sich einen anderen Spielplatz. Wir verließen die Hütte und stiegen ab ins Tal. Von dem Einzelgänger keine Spur.

Noch einmal schaue ich in die Gletscherspalte, noch einmal hinüber zur Weißmies. Dann drehe ich meinen Kopf, sehe zum Allalinhorn und erhebe mich. Der Gletscher steilt sich auf. Ich halte mich weit links, nahe an den Felsen, auf denen die Endstation der Seilbahn steht. Ohne noch einmal in eine Spalte zu

treten, erreiche ich das Plateau oberhalb der Steilstufe. Hier ist der Gletscher planiert, für die Skifahrer, die auch im Hochsommer auf diesen Wintersport nicht verzichten wollen, präpariert. Bei aller Abneigung, die ich gegen Sommerskigebiete hege, bin ich in diesem Augenblick froh über die Piste, auf der ich keine Spalte fürchten muss und die mir das Gefühl von Geborgenheit vermittelt. Noch ein Stück höher und ich treffe auf den U-Bahn-Ausgang, an dem der heute übliche Anstieg auf das Allalinhorn beginnt. Kein Mensch geht mehr über den von Pistenraupen übel zerpflügten Gletscher zwischen Seilbahnmittel- und U-Bahn-Endstation. Seit vor einigen Jahren ein Tunnel durch den Fels gegraben und eine Untergrundbahn gebaut worden ist, wurde das Allalinhorn, leicht und schnell erreichbar, zu einem beliebten Viertausender für alle die, die auf einem Viertausender nichts zu suchen haben. Dadurch ist die Spur auf den Gipfel so breit wie die Straßen in Saas Fee.
Der Versuch, den Gipfel über eine steile Firnwand zu erreichen, scheitert nach wenigen Metern. Der Schnee ist so tief und von der Sonne aufgeweicht, dass ich bei jedem Schritt höher tiefer im Schnee versinke. So bleibt mir keine andere Wahl als dem ausgetretenen Weg zu folgen. Höchst ungewöhnlich ist es, hier allein zu gehen und nicht wie üblich Hundertschaften hinterher zu trotten. Das Wetter ist unzuverlässig, der Gipfel des Allalinhorn verbirgt sich in Wolken. Bald bin ich selbst von Nebel umgeben. Fast laufe ich auf eine Gruppe von Bergsteigern auf. Ich höre, dass sie von einem Bergführer zu ihrem ersten Viertausender-Erfolg geführt werden. Natürlich muss ich die Schar keuchender Anfänger überholen, um vor ihnen auf dem Gipfel zu sein. Die Wolkendecke ist dicht. Der Gipfelblick reduziert sich auf das Kreuz und die kurz nach mir eintreffende geführte Bergsteigergruppe. Mit dem Selbstauslöser schieße ich ein

Beweisbild, stärke mich dürftig mit Tee und Schokoriegel und trete den Rückweg an, ehe das Wetter noch schlechter wird. Der Wind ist stark geworden, aber nicht stark genug, um die Wolken vom Allalinhorn wegzublasen. Die Spuren, erst wenige Minuten alt, sind kaum mehr zu erkennen. Ich muss mich sputen. Es fehlt nur wenig und ich stehe orientierungslos im Nebelmeer. Das ist kein Spaß auf viertausend Metern Höhe. Auch auf dem einfach zu erreichenden Allalinhorn sind minus zehn Grad minus zehn Grad. Auch von diesem Berg kann man abstürzen. Tausend mal tausend mal schwerer, härter und größer als ich ist dieser Berg. Wenn ihm nicht passt, dass die Zacken meiner Steigeisen in seinen Panzer stechen, wird er mich abschütteln. Gerade ist er dabei, seine weiche Schneehaut glattzustreichen. Bevor er damit fertig ist, habe ich den Stolleneingang erreicht. Ich spiele mit dem Gedanken, mit der U-Bahn ins Tal zu fahren. Während ich noch überlege, gehen meine Beine den bergsteigerethisch besseren Weg, vorbei am Stollenloch, den eigenen Fußstapfen folgend über den Gletscher.

Die letzten Meter ins Tal hinab leiten mich die Stationen des Leidensweges Christi rückwärts von seinem Grab über seine Kreuzigung zum Beginn seines Leidens. Vor zehn Stunden war ich aufgebrochen und siehe da, am Anfang angekommen bin ich ein neuer Mensch.

Extreme extrem

Um mal gleich keine falschen Verständnisprobleme oder Aussprachemängel aufkommen zu lassen: das "Extreme" muss ohne Endungs-"e" ausgesprochen werden, also "extrem", besser "ixtrihm" (englisch). Warum dann nicht gleich "Extrem extrem"? Wer mit Bill Gates Produkten schreiben gelernt hat, der weiß warum. Ich sage nur Rechtschreibprogramm und Wortwiederholung!
"Jawoll, jawoll, jawoll!"
Dieser Ausruf der Begeisterung ist kein Kommentar zu meiner Einleitung. "Jawoll!" Sondern der menschliche Laut, den ich im Sitzen vernehme. Während ich sitze, schreit ein Mann, den ich nicht sehe, weil ich hinter einer Tür sitze, immer wieder "jawoll". Dass der Ort, an dem ich sitze, auch ein Ort der Laute, allerdings eher wortloser Laute ist, soll als Hinweis dafür, um welche Art von Ort es sich handelt, genügen. Ich habe den "Jawoll-Schreier" schon auf meinem Gang zu diesem locus (lateinisch, zu deutsch "Ort") wahrgenommen. Er stand mit entblößtem Oberkörper vor einem blechernen Waschtrog, der auch als Kuhtränke oder als Riesendachrinne durchgehen könnte, und neigte seinen Kopf unter einen Strahl kalten Wassers. Ein wirklich harter Mann. Mich schmerzt schon das Zähne-Putzen mit diesem alpinen Eiswasser, ja sogar die Hände kribbeln, jetzt, da ich aus der Tür trete und das "Jawoll" irgendwo auf dem Zeltplatz sein Haar im Frühsommerwind trocknen lässt.
Da das wichtigste Geschäft nach Müsli und Kaffee verrichtet ist, gibt es keinen Grund mehr, an diesem Morgen länger auf dem Zeltplatz zu verweilen. Das Wort "Morgen" ist dabei als all das

zu verstehen, was noch nicht Mittag ist. Die Devise lautet: den heilsamen Schlaf niemals verkürzen! Morgen ist auch noch ein Tag! Wir verlassen also kurz vor 12 den Zeltplatz. Es ist jetzt so heiß, dass wir sogar in den kurzen Hosen schwitzen müssen. Der Rucksackträger vor uns hat es da extrem besser: oben ohne saugt ihm die Höhensonne den Schweiß schneller aus der Haut als er entstehen kann. Dazu die lange temperaturreduzierende Hose und der gewichtsfreie Rucksack, beides in UV-blockendem Orange gehalten. Vor lauter Neid müssen wir gleich doppelt so viel schwitzen. An der zweiten Alm zweigt der inzwischen braunrot behäutete Extrembergsteiger nach rechts ab. 'Der geht bestimmt zu den extremen Überhängen. Hut ab.' Wir gehen weiter geradeaus, quälen uns die Serpentinen hinauf. Das T-Shirt völlig nassgeschwitzt, nutzen wir zusätzlich die Zunge zur Transpiration, indem wir sie weit aus dem Mund hängen lassen. Nach 45 Minuten Fußmarsch kommen wir am Rucksackdepot an und wringen erst einmal unsere Trinkflaschen aus. Ein bekannter orangener Fleck streift von links unsere Augen. Ha, unsere Rothaut ist wohl an der Abzweigung extrem falsch gelaufen. "Oh du Gehässiger", ermahnt mich eine innere Stimme, "irgendwann wird dich die gerechte Strafe für deinen Hohn ereilen!"

Die "Grüne Plattenwand" ist für den Anfang genau das Richtige für uns: 5-, Einstieg grün markiert. Auf Farben zu achten haben wir in der langen Hallensaison gut gelernt. Die erste Seillänge- ein Kinderspiel. Die Rissverschneidung ab der zweiten Seillänge ist zwar grün, aber nicht plattig. Seltsamerweise gibt es auch keine Haken mehr, und wenn, dann sind sie braun wie die Erde, aus der sie wachsen. Wenigstens weist diese Rissverschneidung kaum klettertechnische Schwierigkeiten auf und mit Klemmkeilen lässt sich an der sonst mit Bohrhaken gut bestückten Südwand sehr viel machen. Leider wurde das Klemmkeile-Legen in der Hallensaison stark vernachlässigt. Mein Sicherungspartner wird mir da sicher zustimmen, wenn er die fünf Klemmkeile an Expressschlingen betrachtet, die alle bei ihm unten am Stand anstatt im Fels zwischen mir und ihm hängen. Immerhin kommen jetzt Latschen, die mir die Arme und Beine aufkratzen. Stand an Wurzel. Weiter rechts von mir sehe ich eine orangene Hose, einen entblößten Oberkörper, der in ein orangefarbenes Heft schaut. Er betrachtet die Wand, entdeckt mich und fragt, welche Route wir machten; die Rissverschneidung sei gar nicht in seinem Führer verzeichnet. Da naht mein Seilpartner: "Du, der Typ mit der orangenen Hose dort drüben hat mich weiter unten angequatscht. Ob wir die "Grüne Plattenwand" auch schon gemacht hätten. Er würde sie heute das erste Mal machen. Sie sei echt toll." "Extrem toll", antwortete ich mit knirschenden Zähnen. Nach der nächsten Latschenseillänge stehen wir auf dem Grat. "Soweit ich mich erinnern kann, ist der Abstieg über den Gipfel extrem ätzend. Lass uns lieber abseilen!" Meine Erinnerung wies in dieser Hinsicht einen großen Fehler auf: der Abstieg über den Gipfel ist völlig unproblematisch: ein kleiner Pfad und 10 Meter abklettern. In zehn bis fünfzehn Minuten steht man wieder am Wandfuß. Das Abseilen dagegen kostet uns über eine Stunde, nicht zuletzt wegen des einsetzenden und sich zur Sintflut ausweitenden Regens. Wer erst um 12 loskommt und groß das Lästermaul schwingt, hat es wahrscheinlich nicht besser verdient. Schön, dass wir die Regenjacken in den Rucksäcken hoch getragen haben, bis zum Wandfuß. Dort liegen die Rucksäcke regensicher unter einem Stein. In den Rucksäcken die Regenjacken. Der Schweiß ist inzwischen aus den T-Shirts herausgewaschen und über die Beine spritzt das Wasser, das der Abseilachter aus

dem Seil presst. Am Wandfuß bei den Regenjacken angekommen, kommt die Sonne wieder raus. Extrem gut getimet!
Mutig wagen wir uns am folgenden Tag an eine schwierigere Route: gestern 5-, heute 5. Jedoch ist nicht die kontinuierliche Steigerung der Schwierigkeiten von Tag zu Tag unsere Motivation für "Meister Franz", sondern der Vermerk im Führer "ganze Route blau markiert". Versteigen ausgeschlossen. Der Schweiß, den wir heute vergießen, kommt weniger von der Hitze als mehr von der Angst, in einen Klemmkeil zu stürzen, dessen Qualitäts- und Sicherheitsstandard sich an den Klemmkeilen des Vortags orientiert. Wenigstens ist trotz hoher Seilschaftendichte in der Wand kein Steinschlag zu befürchten, da die meisten Kletterer die gut gesicherten Platten- und Wasserrinnenklettereien bevorzugen. "Meister Franz" bringt uns keinen Sturz und viel Kletterspaß.
Nach dieser schönen Route und einem bequemen und zügigen Abstieg stoße ich in meinem Führer zufällig auf den Bereich "Überhänge". Ich bin sofort hellauf begeistert. Hier kann ich zwei Fliegen mit einer Klappe schlagen - zugegeben, das tapfere Schneiderlein brachte es auf sieben, aber wer glaubt schon an Märchen. Die erste Fliege besteht darin, mit einer schwierigen Kletterei (mindestens 8) ordentlich angeben zu können. Immerhin habe ich den ganzen Winter hindurch viele Hallendächer und -überhänge durchstiegen. Meine Kraft muss immens sein. Die zweite Fliege: Durch das Hallenklettern habe ich jegliches Gefühl für den natürlichen Fels verloren und bin es deshalb satt, einfache hakenarme Routen zu klettern und dabei ständig Todesängste ausstehen zu müssen.
Mit dem geöffneten Führer in der Hand laufe ich unter den 10 bis 12 Meter hohen Überhängen durch, lese die Namen an den Einstiegen und recke meinen Hals bis zum Anschlag nach hin-

ten, um die Umlenker zu finden. 9, 10-,9. Bei der Suche nach Griff- und Trittmöglichkeiten scheint mir die Schrift, mit der die Routennamen auf den Fels geschrieben sind, noch die ausgeprägtesten Griffe und Tritte zu bieten.
"Jawoll!"
???
Am rechten Ende der Überhänge steht ein Kletterer am Boden, ein Seil führt nach oben. Unter zweimaligem Wiederholen des "jawoll" schwebt ein zweiter Kletterer von oben in mein Blickfeld. Ich schaue in meinen Führer: 7+/8-. "Nur zwei Mal hängen", schnauft der zu Boden Schwebende, "echt super", erwidert der andere. Die einfachste Route an den Überhängen, entnehme ich meinem schlauen Buch. Ein echter Sportkletterer würde sofort nach den Schlüsselmoves oder nach der Crux fragen. Da ich aber Alpinist sein will (alpiner Hallenkletterer), suche ich nicht die Begegnung mit dem fremden Kletterer, sondern die unmittelbare Auseinandersetzung mit dem Bergfels, das "Ich allein" mit der Wand - hoffentlich sind die beiden bald weg und sehen nicht, wie ich mich in einer viel zu schwierigen Route blamiere. Um mein Interesse an einer dieser steilen Routen zu verbergen, und damit ein mögliches Interesse der beiden Kletterer an meinem Vorhaben oder dessen Durchführung gar nicht erst aufkommen zu lassen, verlasse ich unauffällig die Überhänge. Mein Rucksack liegt unter der Südwand. Hier warte ich, bemühe mich dabei, nicht als Wartender entlarvt zu werden. Ha, da kommen die beiden, gehen an mir vorbei - welch ein Glück - sind an mir vorüber. Also los, "Sugarbaby"! Im Klettern der Route zeigt sich, wer das Zuckerpüppchen ist: die Route oder der Kletterer. Den Schreien nach, die ich durch die Überhänge und in die Löcher schicke, muss wohl ich das "Baby" sein. Es hilft die Zerrung im rechten Bizeps nicht und

auch nicht die blutig gerissenen Fingerkuppen, "jawoll", ich muss den schwebenden Kletterer aus "Satyricon" zitieren: nur zwei mal hängen. Dabei sahen die Löcher von unten so groß und griffig aus. Aber ist halt keine 6, sondern fett zwei Grade schwerer. Und fies sind diese Lochattrappen! Schon völlig übersäuert nach zwei Metern Dach lacht dich da dieses raue Riesenteil an: "huhu, greif mich, ich bin ein Henkel!" Ziehst dynamisch mit letzter Kraft nach diesem Griff und hast plötzlich nicht mehr in der Hand als ein seichtes, raues Nichts. Wenn die Hand dann panisch über den Felsen patscht, weil die andere eigentlich schon losgelassen hat – nur die Rauigkeit des Felsens hält sie noch dank Haftreibung – dann schrei ich "scheiße". Das nimmt das linke Bein zum Anlass, zur Nähmaschine zu morphen. Da bleibt als Letztes nur die vertikale raue Rippe. Dieses Minirippchen als einzig guter Griff? Im Dach? Piazen im Überhang? Da hört doch alles auf, zuallererst meine Oberarmmuskulatur. Schnell klinken. "Zuhug!"
Die Unverschämtheit kommt am Schluss, wie immer an der Kante. Knapp oberhalb der Kante rechts ein schöner Griff, für rechts natürlich. Und links? Nichts! Doch, schon wieder Seitgriff, nur viel schlechter als das Minirippchen unten. Der nächste gute Griff ist wieder rechts: das einzig richtig gute Loch in dieser Route, doch Obacht, nur für den, der tief genug hineingreift! Mir reicht's! Ich greif in den Umlenker und bin oben. Das war's dann für heut.
Über die steilen Grasmatten unter den Überhängen ist der Abstieg kürzer als über den Weg am westlichen Ende der Südwand - und bedeutend schneller mit schlechtem Schuhwerk. Die aufgerissenen Finger freuen sich jedes Mal, wenn sie sich in die Brennnesseln krallen müssen, sobald die Haftreibung der Sohlen auf dem Gras mal wieder nicht groß genug ist. Auf dem

Weg angekommen ist die Hose hinten braun, die Hände sind mit Brandpusteln überzogen. Wenigstens kommen wir trockenen Fußes wieder zu den Zelten. Der ergiebige Gewitterregen trifft uns erst während des Kochens. Immerhin gibt es im Waschhäuschen einen Aufenthaltsraum, in dem sich die verwässerte Suppe bedeutend angenehmer isst als durchnässt im Zelt sitzend und dem unweigerlich durch den Zeltboden eindringenden Wasser zusehend. Zum Spülen muss die Riesenregenrinne herhalten, an der auch die Zähne geputzt werden. Das kalte Wasser ist für das eine wie für das andere nicht sehr geeignet. Und duschen! Eine warme Dusche wäre im Zustand des versifften durchnässt Frierens eine große Wohltat. Aber Wohltaten, die nach Luxus riechen, gibt es nicht auf dem Zeltplatz im Schwändital. Dafür gute Luft und original Schweizer Alpenlandschaft.

Anmerkung: Die Schweizer Firma Mammut hat in ihrem Bekleidungsprogramm eine Reihe von Jacken und Hosen, die die Bezeichnung "EXTREME" trägt. Beste Materialien in blau-orange für den Extrem- und Expeditionseinsatz.

Mangosaft und Gletschereis

Meine erste Begegnung mit dem Äquator datiert auf den 12. Mai 1977. Ich wollte damals dem Äquator gar nicht begegnen; Christian war kurz davor, durch meine präzise plazierten Schüsse seinen Flugzeugträger zu verlieren. Mitten in der größten Gewinnsträhne meines noch jungen Schiffeversenkerlebens wollte ich niemandem und nichts begegnen, schon gar nicht etwas, das von Frau Förster, unserer Erdkundelehrerin kam.
"B 8!"
"Treffer, versenkt."
"Siiieg!"
Hätte ich mich in der Lautstärke meines Freudenschreies zurückgehalten, wäre der Äquator weiterhin irgendwo zwischen der Erdkugel und dem Kopf unserer Lehrerin geblieben, ohne meine mit einem grandiosen Sieg beschäftigten Gedanken zu streifen. Wahrscheinlich wäre ich dann auch nie auf dem Gipfel des Chimborazo gestanden. 'Äquator, was ist das, wo liegt das? Kenn ich nicht!'
Nein, welch eine Ursache-Wirkungs-Kette! Der Sieg im Schiffe-Versenken, der Schrei, die Frage "Harald, was weißt du über den Äquator?", der Gipfel des Chimborazo.
"Äh, der Äquator, äh..." genügte Frau Förster für eine 5, die sie in ihr rotes Büchlein schrieb, ehe sie mit ihrem Vortrag begann. Da ich das Spiel zu meinen Gunsten entschieden hatte und keine weitere schlechte Note riskieren wollte, entschloss ich mich, den Ausführungen von Frau Förster zu folgen.
In einem Alter, in dem ich noch nicht zu abstraktem Denken fähig war, stellte ich mir den Äquator als einen in Wirklichkeit

vorhandenen Ring, ein Seil oder eine Mauer, vor, der um den Erdball gelegt ist und die Erde in zwei Teile trennt. Und am Äquator ist es feucht und heiß - das kommt vom tropischen Regenwald!

Nach bestandenem Abitur wusste ich, dass der Äquator nur eine gedachte Linie ist, und mit dem Diplom kam das Wissen hinzu, dass es am Äquator auch hohe Berge gibt, an denen es vielleicht feucht, aber selten heiß ist.

An meinem bei Frau Förster entstanden Bild von den Ländern am Äquator hatte sich jedoch bis zu meiner Landung in Quito, der Hauptstadt von Ecuador, nichts geändert. Ich erwartete statt eines Flughafens einen Acker als Landebahn, Bambushütten, leicht bekleidete Ureinwohner. Alles falsch. Die Landebahn war aus Asphalt, das Terminal aus Beton und der junge Mann, der mich abholte, war besser bekleidet als ich und fuhr einen teuren Geländewagen. Zwischen dem Flughafen und dem Hotel gab es MacDonalds, Hochhäuser und Kentucky Fried Chicken. Innerhalb weniger Minuten waren Frau Försters jahrelange Bemühungen zunichte gemacht.

Aber war ich etwa nach Ecuador geflogen, um zu überprüfen, inwieweit deutschen Lehrerinnen und Lehrern die Realitäten der Welt verborgen sind? Nein, ich war zum Bergsteigen hierhergekommen! Ich wollte Humboldt, Whymper und Carrel folgen; Columbus und Cortez verdrängte ich.

Die akklimatisatorisch günstige Lage von Quito und des Hochtales, das sich von Quito nach Norden und Süden erstreckt, macht das Höhenbergsteigen in Ecuador zu einer kurzweiligen Beschäftigung. Für die meisten Viertausender und Fünftausender sowie für den einzigen Sechstausender ist man nicht länger als zwei Tage von der Zivilisation entfernt. Damit entfallen aufwendige und anstrengende Transporte wie man sie von Expeditionen kennt. Keine Träger, kein Basislager, keine Hochlager. Die hohen Berge in Ecuador werden nicht anders bestiegen als die hohen Berge in Europa: Hüttenzustieg, Gipfel, Abstieg. Man startet auf 2700 Meter und drüber, nie darunter. Keine Chance für den Körper, sich an hohen Sauerstoffpartialdruck in der Atemluft zu gewöhnen.

Die wenigen Tage Höhenanpassung für den ersten Viertausender gestalten wir folgendermaßen: ausgiebiges Frühstück im Hotel - Jugo (sprich 'Chugo') hier und Jugo dort - zu Mittag 'Menu de hoy' (Tagesmenü): Jugo, Suppe, Hauptgang, Nachspeise, Sightseeing.

Am ersten Abend in Quito wären wir beinahe verhungert, am zweiten Abend in Quito beinahe vergiftet worden und am dritten Tag hatten wir gelernt, dass man in Ecuador nicht abends sondern mittags essen geht, dass Hähnchenschlegel auch genießbar zubereitet werden können und dass man mit dem 'Menu de hoy' zu 1,20 Dollar die beste Wahl trifft.

Bei meinem nächsten Besuch in diesem Land werde ich eine Jugo-Kur machen. Den ganzen Tag nur Jugo trinken. Nach einer Woche werde ich wie ein Vitamin aussehen. Mit 'Saft' ist Jugo wörtlich richtig übersetzt, vermittelt aber nichts vom sinnlichen Genuss dieses 'Saftes'. Das Wort 'Saft' bewirkt keinerlei Verstärkung der Feuchtigkeitsproduktion im Mund/Rachenraum. 'O' und 'A' (-Saft) sind keine Begeisterungsrufe, sondern berechtigt reduzierte Bezeichnungen für mit Wasser verdünnte konservierte Konzentrate aus Glasflaschen und Tetrapacks. Jugo dagegen ist ein vor Frische schäumendes Getränk, das noch die ganze Lebenskraft der eben erst gepflückten Frucht in sich trägt. Deutscher Apfelsaft schmeckt im Vergleich zum Apfel so gut wie Dosenmilch im Vergleich zur Frischmilch. Ecuadorianischer Mango-Jugo schmeckt wie ... unvergleichlich.

Also trinken wir Jugo auch vor Besteigung des Rucu Pichincha. Rucu Pichincha ist höher als die Monte Rosa; wie viel höher lässt sich schwer sagen. Die Angaben in den dürftigen Karten, die man, wenn überhaupt, nur beim Militärgeographischen Institut in Quito bekommt, und in den Führern schwanken zwischen 4698 m und 4790 m.

Ein plötzlicher Hupton erschrickt das Croissant in meiner Hand, das mit knapper Not dem Tod durch Ertrinken in Milchkaffee entgeht. Auf acht bestellt steht das Taxi fünfzehn Minuten zu früh vor dem Hotel. Monte Rosa mit dem Taxi hat was. Bis an den westlichen Rand von Quito lassen wir uns fahren, bis zum Fuß eines grünen Hügels, auf dem tausend Antennen stehen. Dieser grüne Hügel ist schlappe viertausend Meter hoch. Schon die ersten Meter auf dem Weg zum Gipfel sind lebensgefährlich, ein Auto kommt schneller als das andere angeschossen. Gegen Gletscherspalten hilft das Seil, aber gegen vorbeirasende Autos? Und gegen zähnefletschende Hunde hilft ein Pickel, den wir aber nicht dabei haben; wozu auch, bis 4400 m wächst Gras. Dass Autos und Hunde nicht die einzigen Gefahren auf dem Weg zum Rucu Pichincha sind, erfahren wir aus einem Buch, das uns Tage später in die Hände und fast wieder aus den Händen fällt: "The incidence of robbery (including armed), assault, and rape is far too high to justify the trip" (Yossi Brain: Ecuador. A climbing guide, S.70). Da empfiehlt sich als Alternative der Nachbarberg Guagua Pichincha. Er ist etwas höher, mit dem Taxi teurer weil weiter, dafür aber auch wieder billiger, da die Gefahr ausgeraubt zu werden wegfällt.

Entscheidet man sich in Ecuador für das Taxi und nicht für öffentliche Busse, um sich den hohen Bergen zu nähern, so sind Verhandlungsgeschick und das Wissen um die aktuellen Preise gefragt. Wir bezahlten beispielsweise 35 $ (US-Dollar ist die

Landeswährung von Ecuador) für eine etwa 90 minütige Fahrt von Quito über El Chaupi zum Fuß der Illinizas. Bis die Bodenwellen höher als 30 cm werden, plagt unser Chauffeur seinen Wagen an die beiden Fünftausender heran. 35 $ sind für drei Personen akzeptabel. Die Fahrt mit öffentlichen Bussen hätte sicher nur ein Zehntel gekostet, dafür mehr Organisationsaufwand, mehr Zeit und mehr Schweiß. Die Panamericana nach Süden fahren viele Busse; von dort nach El Chaupi wenig; und von El Chaupi weiter Richtung Hütte keine. Von El Chaupi (ca. 2900 m) bis zur Hütte auf 4650m ist es dann ein strammer Marsch.

Die meisten Bergsteiger lassen sich mit Geländewagen bis auf 4240 m karren. Dort stehen dann schon mal Zelte für schlecht trainierte und akklimatisierte Bergtouristen. Die Illinizas sind inzwischen Teil eines Nationalparks, macht 5 $ für die schöne Eintrittskarte; nicht zu viel verlangt von den reichen Touristen in diesem armen Land. Die Hütte bietet Platz für etwa 20 Personen; Gaskocher und Schimmel sind vorhanden. 9 $ kostet die Nase pro Nacht. Das Zelten neben der Hütte kostet nichts. Entscheidet man sich für einen bereits im Tal gebuchten Bergführer (Bergführer ist hier alles, das einen auf den Berg führt) so wird man auch bekocht.

Aufgrund der geringen Höhendifferenz zwischen Hütte (4640 m) und Illiniza Norte (5126 m) ist dieser Berg ein geschenkter Fünftausender. Eisfrei, leichte Kletterpassagen, Geröll. Vier Stunden für Auf- und Abstieg sind reell. Dass wir den Gipfel des Illiniza Sur (5263 m) am folgenden Tag schon nach zwei Stunden erreichten, war den optimalen Verhältnissen zu verdanken. Yossi Brain kalkuliert für den Aufstieg vier, für den Abstieg zwei Stunden: "Normal Route, Grade IV-/AD+, 70°, 600 m". Mit alpiner Steileiserfahrung kein Problem. Der Illiniza Sur ist, obwohl nur wenig höher als sein eisfreier Bruder, völlig vergletschert. Wer Steigeisen und Pickel dabei hat, sollte sich diesen schöneren Illiniza nicht entgehen lassen. Zwei Fünftausender in zwei Tagen – in den Alpen brauche ich oft zwei Jahre für zwei Viertausender.

Der perfekte Berg auf der anderen Seite der Sierra trägt in Quechua den Namen "Berg des Mondlichts". Einsam und mächtig ragt er aus der Landschaft, die er sich selbst geschaffen hat. Hinter Wolken verbirgt er seine Schönheit. Wer ihn gesehen hat, muss ihn berühren: Cotopaxi.

Doch der Weg dorthin ist mit Schmerzen gepflastert. Plattfedern am Schweinelaster und Hähnchenschlegel im Nasenflügel. Das Gefährt, das uns zum Cotopaxi bringen soll, entspricht dem Bild, das ich von Fahrzeugen in Ecuador hatte, ehe ich in einem teuren Geländewagen vom Flughafen zum Hotel gefahren worden war: präkolumbianisch, verbeult und nur vom Willen des Fahrers, noch viele Jahre viele Dollars damit zu verdienen, am Auseinanderbrechen gehindert. Da in der Fahrerkabine für mich kein Platz war, musste ich auf die Ladefläche. Der Holzaufbau schützte mich, wenn ich saß, vor dem Wind; die Schweine schützt er davor, ihrem Ende entgegensehen zu können. Wie ein Schiff in der Dünung hob und senkte sich der Wagen auf dem tief zerfurchten Weg hinab nach El Chaupi. Von dort brauste er über Pflastersteine zur Panamericana. Wenn mir bei dieser Fahrt der Schädel nicht zerplatzt ist, dann habe ich dies dem Nichtvorhandenseins eines Daches über dem Holzaufbau zu verdanken. Wenn ich nicht aus meinem Käfig herauskatapultiert wurde, dann hatte ich das Glück gehabt, just in dem Augenblick, in dem der Pick-up in ein Schlagloch eintauchte, gerade nicht gesessen zu sein, sondern mein Haupt in den Wind gestreckt zu haben und im Angesicht des drohenden Fluges meinen Beinen maximal möglichen Federweg verordnet hatte. Der Asphalt auf der Straße nach Machachi ist ein Segen. Bei einer kurzen Rast an einer Tankstelle streiche ich mir den Wind aus den Haaren glatt. Unseren Fahrer beneide ich um den Service: während der Diesel in seinen Tank fließt, wird ihm eine Tasse Kaffee gereicht.

Bei Machachi verlassen wir mit der Panamericana auch die befestigte Straße. Ehe es hinauf in den Cotopaxi-Nationalpark geht, will der hart gebeutelte Magen eine Stärkung. In Machachi ist Markt. Für ein paar Cent gibt es Mangos und Bananen. Doch nach Trockenobst und Päckchensuppe an den Illinizas sind wir reif für herzhaftere Kost. Während die anderen Lebensmittel einkaufen und unser Fahrer ihnen nachgeht, um sie vor plötzlichem Verschwinden in dieser touristenarmen Stadt zu bewahren, bewache ich den Wagen und unsere Rucksäcke, die auf der Ladefläche liegen. Ich beobachte das Treiben der Menschen. Viele verschwinden in einem Haus, um wenig später mit einer Tüte am Arm wieder zu erscheinen. Meine Neugierde lässt mich Auto und Gepäck vergessen. Durch eine Scheibe sehe ich aufgespießte braune Hähnchen. "Pollo!"

Ich drehe mich um. Unser Fahrer zeigt auf die Leckerbissen hinter der Scheibe. Eine Hähnchenbraterei!

Sabine und Joachim kommen mit Obst und Cola vom Markt und an meinem Arm hängt eine Tüte. Ein ganzes Hähnchen, Pollo, für Joachim und mich, jeder ein halbes. Standard in Deutschland bei durchschnittlichem Hunger. Nur, wo essen? In der Fahrerkabine hat es Platz für den Fahrer plus zwei. Sabine isst kein Hähnchen. Sie allein in den zugigen Schweinekäfig verbannen verstößt gegen unsere ethischen Grundsätze. Also sitzen wir schließlich zu dritt auf der eingezäunten Ladefläche und unser Fahrer gibt Feuer.

Ecuadorianisches Grillhähnchen auf unbefestigter Straße ist die Grenze des technisch Essbaren. Den Cotopaxi zu besteigen konnte kaum schwieriger sein als dieses tote Federvieh zu verzehren. Aber in grauer Voraussicht hatte ich das "Handbuch zum Verzehr ecuadorianischer Hähnchen auf der Ladefläche eines Schweinelasters, 3. Auflage" auf die Südamerikareise mitgenommen. Sabine las vor:
Erstens: Man isst auf der Ladefläche sitzend, fliegend und landend. Zweitens: Bei der Landung muss die Hähnchentüte anvisiert werden, so dass die Hand geradewegs hineinfährt und bei Beginn der nächsten Flugphase mit einem Stück Hahn wieder aus der Tüte herausfährt. Je stärker der Stoß der Bodenwelle, desto größer die Wahrscheinlichkeit, dass ein Stück vom Hahn abgerissen wird. Drittens: Abgenagte Knochen werden über den Holzaufbau auf die "Straße" geworfen. Ob dabei ein Schwein, ein Radfahrer oder ein Fußgänger getroffen wird, kann nicht berücksichtigt werden, da beim Essen im Sitzen kein Sichtkontakt zur "Straße" besteht. Viertens: Die fetttriefenden Finger sind am Holz des Aufbaus abzureiben.
Dass Joachim und ich nur die Hälfte des Hähnchens schafften, ist verständlich, wenn man bedenkt, dass ecuadorianische Hähnchen des Format einer deutschen Pute haben.
Auf 3800 m endete die Fahrt. Eine Gruppe von Schweizern hat hier am Fuß des Cotopaxi ein Selbstversorgerhaus, ein Hotel mit Mehrbettzimmern und einem Campingplatz errichtet. Idealer Ausgangspunkt für Sincholagua (4893 m), Ruminahui (4722 m) und Cotopaxi (5897 m). Der Cotopaxi wird in der Regel vom Refugio José Ribas (4800 m) bestiegen, was im Vergleich zu unserem Ausgangslager den Nachteil des geringeren Komforts hat. Dafür muss man von Tambopaxi, wo wir übernachteten, 800 Höhenmeter und 5 km im Aufstieg mehr über-

winden, wenn man keinen Geländewagen zur Verfügung hat, der bis zum Hüttenparkplatz auf 4600 m fährt. Ruminahui kann von Tambopaxi gut an einem Tag bestiegen werden, Sincholagua auch an einem Tag, aber weniger gut. Zwei Hindernisse gilt es auf dem Weg zu dem von Tambopaxi gut sichtbaren Sincholagua zu überwinden. Das erste Hindernis ist ein wasserführender Kanal. Wer im Schulsport beim Weitsprung die Noten 4, 5 oder schlechter bekam, dem empfehle ich, ein drei Meter langes Brett zum Brückenbau mitzunehmen. Das zweite Hindernis grast zwischen 4000 und 4200 m Höhe: riesige Rinderherden. Die Allgäuer Milchkuh und die schwarzweiße Ostfriesin würden in dieser dünnen Luft schon am Diamoxtropf hängen oder gar im Überdrucksack liegen. Nicht so die Rinder in Ecuador. Mindestens 100 und mitten auf meinem Weg. Ob es Kühe oder Stiere waren, konnte ich auf die Entfernung nicht erkennen und aus der Nähe wäre die Erkenntnis "Stiere" bereits zu spät gewesen.

Ich war noch sehr klein gewesen, konnte das Wort "Kuh" noch nicht schreiben, da war einmal ein Stier auf mich und meine Mutter losgegangen. Die Weide hatte damals einen Zaun gehabt, hinter den wir uns flüchten konnten, und es war nur ein Stier gewesen. Hier gab es keinen Zaun, kein Haus, keinen Gaucho. Nur mich und 500 Stiere. Ein kleiner Trost war mir, dass Rinder schlecht sehen. Aber zwei gute Menschenaugen nützen wenig gegen 1000 schlechte, galoppierende Rinderaugen! Im hohen Gras verstecken? Laut schreien? Eine andere Möglichkeit, als den Angstschweiß fließen lassen, gab es nicht. Alle Augen waren auf mich gerichtet. Was gerade noch kauend im Gras gelegen hatte, richtete sich auf und hörte auf zu kauen. Dann setzte sich die Herde in Bewegung. Langsam, dann schneller. Sie liefen vor mir weg.

Am folgenden Tag geht es auf den Cotopaxi. Aufbruch um Mitternacht. Seilschlangen kriechen durch die Nacht, immer den Fähnchen nach, die im Schnee stecken. Der Normalweg ist bis 50° steil, große Spalten müssen umgangen oder über Schneebrücken überwunden werden. Der eisige Wind sucht sich seinen Weg zum Herzen, durch jede unbedeckte Hautpore. Nirgendwo gibt es an diesem Vulkankegel einen windgeschützten Platz. Aus Dummheit ohne Windhose bin ich bald so unterkühlt, dass selbst bei schnellem Steigen meine Zähne klappern. Bei 5400 m muss ich zurückbleiben. Ich krieche in den Biwaksack und sehe ein Licht nach dem anderen an mir vorbeisteigen. Das Zittern lässt nach. Von einer Gruppe, für die an meinem Biwakplatz Schluss ist, bekomme ich heißes Wasser zu trinken. Ich sehe den Morgen und die Wärme nahen. Die Angst vor dem Erfrieren verschwindet mit dem Aufgang der Sonne. Nun zieht es mich mit großer Macht auf den Gipfel. In den ausgetretenen Spuren renne ich hinauf. Gemeinsam mit Joachim und Sabine stehe ich auf dem "Berg des Mondlichts" in der Sonne.

"Ambato, Ambato, Riobamba, ... Ambato, Ambato!" Während der Busbegleiter nach Mitreisenden sucht, hupt der Fahrer bei jeder Frau, die er am Straßenrand sieht. "Ambato, Ambato", mit einem Arm und einem Bein im Bus schreit der junge Ecuadorianer gegen den Fahrtwind an, "Riobamba, Riobamba!" Ich frage Joachim, ob er weiß, was Blasenriss auf spanisch heißt. Zwei Stunden später bin ich in Riobamba der erste, der aus dem Bus eilt. Riobamba (2750 m) ist der Ausgangspunkt für die Besteigung des Chimborazo, des mit 6310 m höchsten Berges in Ecuador. Carrel und Whymper, die bei der Erstbesteigung des Matterhorns gegeneinander gekämpft hatten, standen 1880 gemeinsam als erste Menschen auf dem Gipfel des Chimborazo.

Bis zur Carrel-Hütte auf 4800 m fährt uns ein Pick-up mit Holzaufbau - das kennen wir inzwischen. Von dort geht es bequem zur 200 Meter höher gelegenen Whymper-Hütte. Die Hütte ist geräumig aber nicht beheizt. Für die meisten Bergsteiger ist jedoch auf 5000 m Höhe nicht die Temperatur das Problem, sondern die dünne Luft. Da im Liegen Übelkeit und Kopfschmerzen noch zunehmen und der Versuch zu schlafen in der Regel scheitert, brechen viele noch vor Mitternacht auf. Wir lassen uns Zeit bis halb zwei, haben am Cotopaxi genug gefroren und sehen wenig Sinn darin, so früh loszugehen. Es gibt Schöneres als im Dunkeln über einen Gletscher zu laufen, von einem Sechstausender nicht mehr zu sehen als den runden weißgelben Fleck vom Licht der Stirnlampe.

Die Schwierigkeiten am Chimborazo sind denen am Cotopaxi vergleichbar. Um das senkrechte Eis beim Übergang auf den Gletscher passierbar zu machen, hat ein freundlicher Mensch eine Leiter mitgebracht. Will man den Gipfel für sich alleine haben, muss man nur die Leiter entfernen. Von den Bergsteigern, die auf den Chimborazo wollen, haben die wenigsten die Fähigkeiten, eine 5 m hohe Steilstufe im Eis zu überwinden. Wir waren nicht so gemein, die Leiter zu beseitigen, hätten wir uns doch damit ins eigene Fleisch geschnitten. Trotzdem waren wir allein auf dem Gipfel. Alle Seilschaften vor uns drehten um, die meisten aus uns nicht nachvollziehbaren Gründen: weicher Schnee auf hartem Untergrund - zu gefährlich. Die Eisverhältnisse waren aus unserer Sicht gut, der Wind weniger kalt als auf dem Cotopaxi.

Es wollte nicht richtig hell werde, nur grau. Meterhohe Büßerschneefelder bedeckten das Gipfelplateau und die dunklen Wolken mahnten zum zügigen Abstieg.

Oberhalb der Carrel-Hütte erinnern Gedenktafeln an die Toten an diesem Berg. Es sind viele. Der Chimborazo schweigt dazu. Ich habe Durst nach frischem Mangosaft.

Schijnland

Fünf Minuten sind eine Stunde. Dieser Satz klingt mehr nach Hexeneinmaleins denn nach naturwissenschaftlicher Genauigkeit. Aber wer interessiert sich schon für naturwissenschaftliche Genauigkeit im Schijnland? Die Schijn sind ein eigenwilliges Volk. Sie kümmern sich wenig um Zahlen. Was hätten sie auch davon? Sie haben ja kein Gehirn. Sie kennen keine Zahlen, sie kennen keine Sprache. Sie sind blind und taub. Aber nicht immer stumm. Einen festen Charakter haben sie, die Schijn. Ohne jede Ahnung von Zeit stehen sie Jahrtausende am selben Fleck. Sie wissen auch nichts von den Namen, die wir Menschen ihnen gegeben haben: Bergseeschijn, weil ein Jäger, der einen Bären verfolgte, einen kleinen Bergsee entdeckte. Er wunderte sich über das Gesicht, das ihn aus dem Wasser ansah. Ein lautes Brüllen folgte. Er schreckte auf; dann streckte ihn die Tatze des Bären nieder. Zu Füßen eines Berges im Schijnland floss sein warmes Blut in den kalten See. Stehe ich auf dem Gipfel dieses Berges, dann sehe ich den Schijnstock, den Feldschijn. Ich sehe den Zahn des Salbitschijn. Ich weiß um jene Männer, die sich über den Westgrat auf diesen Berg schinden. Der Spaß bleibt aus. Darum werde ich diesseits des Voralptals bleiben. Hier stehen Schijnstock, Bergseeschijn und Hochschijn, Garanten unbeschwerter zeitvergessender Freude im Schijnland. Aber fünf Minuten sind und bleiben eine Stunde.

Wer zeitlos Freude haben will, der wird belohnt. Wer jedoch nach Zeitminimierung strebt, wer auf den Quotienten aus verstrichener und genutzter Zeit setzt, der muss im Schijnland andere Ziele suchen, denn fünf Minuten sind eine Stunde.

Die kurzen Zustiege, die gute Absicherung und der feste Fels bewirken dieses Zeitmirakel. Fünf Minuten zu spät am Einstieg und der Zeitplan ist hin. Nichts wird dann aus den vier Stunden bis zum Gipfel. Statt dessen warten und während des Wartens auf die Uhr schauen. Dazwischen ärgern.

Jeden von denen, die vor uns in den Südgrat einsteigen werden, habe ich schon am Frühstücks-Büffet gesehen. Jetzt tragen sie alle einen Helm auf dem Kopf. Als ich sie das letzte Mal sah, trugen sie Müslischüsseln, Teller und Tassen. Mit den benutzten Schüsseln, Tellern und Tassen standen sie an der Durchreiche zur Küche, während ich noch saß. Ich genoss den heißen Kaffee. Jetzt sitzen sie und ich stehe. Ich stehe und warte - endlos. Ich schaue auf die Uhr: es sind zwei Minuten vergangen.

Müsste man nicht befürchten, dass es bald zu regnen anfängt, wäre die Zeitverzögerung belanglos, zwar ärgerlich, aber belanglos. Da aber die feuchte Luft von Minute zu Minute dichter wird, steigt auch die Wahrscheinlichkeit, dass es in dem Moment, in dem wir an der Reihe sind, anfängt zu regnen. In solchen Augenblicken frage ich mich, warum ich überhaupt aufgestanden bin. Der Nebel beim morgendlichen Blick aus dem Fenster wäre Grund genug gewesen, im Lager liegen zu bleiben. Statt um sieben hätten wir um acht gefrühstückt. Nein, nicht um neun, denn um neun gibt es auf der Bergseehütte kein Frühstück mehr. Statt zwei hätte ich vier Scheiben Brot gegessen, oder zehn, wenn nicht der Magen dafür zu klein wäre.

Zehn Scheiben dieses köstlichen frisch und selbst gebackenen Brotes, das jeden Daumentest besteht. Den Daumentest habe ich als dreijähriger Knabe entwickelt. Jede Scheibe Brot, die auf dem Teller liegt, wird vor ihrer Weiterverarbeitung durch Daumendruck auf ihren Härtegrad geprüft. Auf den meisten Berghütten findet man Brot des Härtegrades zehn. Härtegrad zehn bedeutet, dass man auf dem Daumen, der in die Brotscheibe drückt, einen Handstand macht- gute Kletterer haben so viel Kraft- und dass das Brot dabei nicht nachgibt. Das Brot auf der Bergseehütte ist so weich, dass sogar eine Fliege, die sich darauf niederlässt, darin versinkt. Nicht nur das Brot, auch der Joghurt wird auf der Hütte hergestellt. Dazu gibt es Schweizer Honig und Käse aus dem Göschener Tal.

Emsig achten Maria und ihre junge Assistentin darauf, dass Schüsseln und Teller nie leer sind. Der Hüttenwirt und Führerautor Toni Fullin spült derweil das Geschirr und Besteck derer ab, denen ich es zu verdanken habe, dass ich heute entweder im Regen oder gar nicht klettern werde. Dem Toni würde der Regen sicher nichts ausmachen. Wie die Bilder im Gastraum zeigen, ist er ein echter Alpinist: erste Urner Winterbegehung der Eiger Nordwand, erste Urner Achttausenderbesteigung. Und trotzdem hat er die Berge um seine Hütte zu einem Wallfahrtsort für Rostgurkenfürchter und Kreislaufschwache wie mich gemacht. Der Zustieg zur Hütte ist sogar stellenweise asphaltiert. Wobei dies wahrscheinlich weniger aus Rücksicht auf ungeübte Wanderer als mehr aufgrund des sumpfigen Untergrundes geschah. Wenn man auf dem Weg vom Parkplatz zur Hütte die Augen nicht nur nach den Kletterzielen, sondern auch mal auf die Moorlandschaft richtet, erscheinen plötzlich ganz unerwartete Geschöpfe: hier ein Moorhuhn, dort ein Nilpferd (?), und hinter der roten Bank ein Krokodil (??). Das alles hätte ich verpasst, wenn ich auf die Salbithütte gegangen wäre. Ich hätte auch verpasst, am Südgrat des Bergseeschijn warten und das Ende des Wartens erleben zu dürfen. Glücklicherweise war am Ende des Wartens nicht der Anfang des Regens. Jedoch bedaure ich bereits nach drei gekletterten Metern, dass es nicht regnet. Kaltstart auf ungesicherter Reibungsplatte - ein Höllentanz für mich finalesischen Kalkkletterer. 4+. Und wo sind die Bierhenkel? Für den ersten Haken ist der Arm mal wieder einen halben Meter zu kurz. Vor meinem inneren Auge hüpft schadenfroh lachend ein bärtiger Zwerg - Symbolfigur für Zwergentod im alten Frankenjuraführer. Ist der erste Haken geklinkt, klettert sich's gänzlich sorgenfrei mit Hochgenuss. Mengenweise griffiger Granit. Die Route ist eisern vorgegeben. Nur zu Beginn der dritten Seillänge aufgepasst: nicht zu weit nach links, wohin ein Haken und eine Schlinge verleiten. Am einfachsten geht es an großen Schuppen hakenlos zwei Meter links der Kante, etwas schwerer, aber eingebohrt, zwei Meter rechts der Kante. Ansonsten immer geradeaus bis zum "Bergheil". Dort muss man sich entscheiden. Rechts ist auf dem Bergseeschijn die bessere Wahl: über den Ostgrat absteigen und abklettern. Wer sich links, nach Kompass nordwestlich hält und in einer Scharte auf einen Abseilring stößt, der sollte den fünfzehn Meter tiefer eingeklebten Ring nicht ignorieren, sondern die scharfen Felszähle über ihm genau betrachten. Sie beißen sich in jedes Seil, das meint, auf einen Zug von der Scharte auf das Schneefeld hinabzumüssen. Steht man erst im Schnee mit heißer Acht, dann ist der Aufschrei groß, wenn die Felszähne das Seil nicht mehr auslassen. Ein ungesicherter Aufstieg durch senkrechten Schutt ist allemal unangenehmer und zeitintensiver als zweimaliges Abseilen. Drum lieber gleich den Ostgrat runter und anschließend wieder hoch durch eine der hübschen Ostwandrouten. Ein Andrang wie am Südgrat ist hier nicht zu befürchten, da es mehr als eine Route in dieser Wand gibt im Gegensatz zu nur einem Südgrat am Bergseeschijn. Da aber im Schijnland bekannterweise fünf Minuten eine Stunde sind, beginnt es fünf Minuten nachdem wir in Aquarius eingestiegen sind, eine Stunde lang zu regnen. In unserem grenzenlosen Optimismus dachten wir, es würde gleich wieder aufhören. Am ersten Stand warten wir auf das Ende des Schauers. Als wir nach fünfzig Minuten bis auf die Haut nass sind, seilen wir ab. Unseren Optimismus hat das Wasser weggespült. Wieder am Fuß der Ostwand reißt der Himmel auf. Die letzten Regentropfen fallen auf meine Uhr. Vor einer Stunde sind wir eingestiegen und in fünf Minuten gibt es Abendessen. Bedauerlicherweise entgeht uns dadurch die Suppe. Umso bedauerlicher als der Hauptgang eine merkwürdige schijnitische Spezialität ist, mit der wir uns nicht so recht anfreunden können: Nudeln und Kartoffeln unter geriebenem Käse und gerösteten Zwiebeln an Apfelmus. Der Nachtisch tröstet. An den Nebentischen hören wir wie von Südgrat und ... gesprochen wird. Alle, die vor uns in den Südgrat eingestiegen sind, haben noch eine schöne Tour drangehängt. Und wir waren die Angepissten. Morgen wird alles anders: Frühstück um sechs; Reduktion des Brotes auf eine Scheibe, Zusammenfassung von Essen und Trinken durch Versenken der Brotscheibe im Kaffee, dann Augen zu und die Tasse in einem Zug geleert. So weit die Theorie. Leider haben es die Schijn nicht so mit Theorie. Am nächsten Morgen sind sie weiß. Schijnland ade! Das Nilpferd und das Krokodil sind nicht mehr da. Winterschlaf. Und die rote Bank trägt eine weiche Schneemütze.

klettern 6/00

Biancograt

Eine Gratwanderungsgeschichte bewegt sich immer an der Kante entlang, mal auf der einen, mal auf der anderen Seite des manchmal scharfen, manchmal wenig ausgeprägten Grates. Ein ständiger Wechsel zwischen Schatten und Sonne, schwarz und weiß; mit großen Sprüngen zwischen Wahrheit und Lüge, Lachen und Weinen. Im Klettern wie im Schreiben:

Climbing
and
writing
on
the
edge.

Dass Vater und Sohn gemeinsam eine Reise tun, ist biblisch. Schon Abraham führte seinen Sohn Jizchaq (Isaak) in ein großes Abenteuer. Ein weiter Marsch durch endlose Wüsten; kein Wasser, kein Brot, kein Fernsehen, kein Game-Boy. Dass Isaak dieses ziellose Wüstenwandern gehörig anödete, ist logisch. Wahrscheinlich hat er ordentlich an seinem Dad rumgeblökt. Dass sich Vater Abraham das nicht gefallen ließ, ist auch logisch. Aber deswegen gleich mit dem Messer auf den Jungen losgehen - ich weiß ja nicht. Konservative Erziehungsmethoden schön und gut, aber gleich körperliche Züchtigung, nur wegen dem Geblöke. Dass mit diesen Methoden Isaak die Flausen kaum auszutreiben waren, versteht sich. Letztlich schlug Abrahams Erziehung gänzlich fehl, was sich nicht nur an

Abrahams Sohn Isaak bemerkbar machte, sondern sich sogar bis ins übernächste Glied, sprich bis zu Isaaks Sohn Jakob fortsetzte. Selbiger Jakob wurde absolut dösköppens, als er das Mannesalter erreichte. Seine deutlich zu Tage tretende Dummheit resultiert wahrscheinlich aus einer dramatischen Veränderung des Erbgutes infolge Abrahams Versuch, dem eigenen Sohn das Aufbegehren gegen den ehrwürdigen Vater aus dem Kopf zu bläuen. Der offensichtliche Verlust jeglicher geistiger Fähigkeiten aufgrund dieser Schläge trat dann in der Enkelgeneration, bei Jakob, überdeutlich zu Tage, als es darum ging, eine Frau zum Zwecke des Erhalts des von Großvater und Vater erhaltenen Erbgutes zu finden. Zu blöd, um Labans wirklich guten Scherz zu verstehen, schuftete Jakob tatsächlich sieben Jahre lang für nichts anderes, als eine Frau heiraten zu dürfen. Laban hatte niemals damit gerechnet, dass Jakob wirklich so dämlich sein würde, den Scherz ("klar kriegst du meine Tochter! Aber erst musst du sieben Jahre ohne Bezahlung für mich arbeiten!") für bare Münze zu nehmen. Aber Laban konnte nicht wirklich glücklich damit sein, sieben Jahre lang eine Arbeitskraft zu haben, die er nicht einmal entlohnen musste. Schließlich war die Frau, die Jakob durch seine Sklavenarbeit zur Frau haben wollte, Labans Töchterchen. Und einem geistig Umnachteten die eigene Tochter zur Frau zu geben, bringt nicht jeder Vater übers Herz. Aber, so hoffte Laban bei sich, vielleicht hatte Jakob damals nur einen kurzen Aussetzer gehabt, war gar nicht durch und durch dumm. Zugegeben, zwei derartige Idiotien hintereinander zu begehen, ist schon stark: den mehr als offensichtlichen Scherz misszuverstehen, und dann als Mann für eine Frau, die man ja noch nicht einmal hat, tatsächlich sieben Jahre zu arbeiten. "Nur eine temporäre Debilität" erklärte sich Laban Jakobs Verhalten. Um sicher zu gehen, die eigene

Tochter nicht in die Arme eines Menschen zu entlassen, dessen Arme eigentlich in eine Zwangsjacke gehörten, entschied er sich, die geistige Normalität bzw. Abnormalität Jakobs zu testen. Um dabei jegliche Möglichkeit für Jakob auszuschließen, sich bei diesem Test falsch, sprich dumm zu verhalten, wählte Laban einen Jakob bereits bekannten Test. Wenn ein Mensch wirklich dumm ist, dann mag er vielleicht tatsächlich sieben Jahre lang ohne Lohn arbeiten, nur um eine bestimmte Frau ehelichen zu dürfen. Nach diesen sieben Jahren aber die Information zu bekommen: "Ätsch! Das mit den sieben Jahren war nur ein Scherz! In Wahrheit meinte ich 14, nicht sieben Jahre, also bitte noch einmal sieben Jahre füttern, melken, säen, pflügen, ernten, bevor du das – bis dahin verrunzelte – Töchterchen zur Frau bekommst", wer mit dieser Information sich entschließt, noch einmal sieben Jahre zu arbeiten, dem eignet eine Dummheit, die man auf dieser Welt wohl schwerlich findet. Wie uns regelmäßigen Bibellesern bekannt ist, musste Laban in dieser Beziehung einen schweren Schlag hinnehmen. Wahrscheinlich erlag er diesem Schlag, sonst hätte er der Ehe zwischen Jakob und Rahel, die dann schließlich 14 Jahre nach Jakobs Bitte um die Hand von Labans Tochter geschlossen wurde, sicher nicht zugestimmt, Jakob, dem dümmsten unter den Blattläusen, Rahel, das größte Juwel, zur Frau geben. Nein, das war dann doch zu viel für Laban.

Wer sich über Jakobs spätere Glanztaten informieren will, der soll die Bibel aus seinem Regal ziehen, den Staub der Jahrtausende von ihren Seiten blasen und im Buch Genesis lesen.

Gemäß dem biblischen Vorbild - ich meine Abraham und Isaaks Reise, nicht Jakobs geistige Entgleisungen - , das uns unverzeihlich weit von der eigentlich zu erzählenden Geschichte entfernt hat, machten sich mein Vater und ich auf die Reise, in fremden

Ländern große Abenteuer zu bestehen. Dass die Schweiz einem demokratischen Europäer irgendwie fremd ist, ist kaum von der Hand zu weisen: die männliche Bevölkerung unter Waffen, die Frauen noch kaum mit dem Wahlrecht vertraut. Obwohl beides für Österreich nicht zutrifft, ist mir Österreich noch viel fremder als die Schweiz, was ich mir so überhaupt nicht erklären kann. Durch diese beiden Länder führte unsere Reise. Einen kleinen Scherz erlaubte ich mir dem Schweizer Zöllner gegenüber, einen Scherz, über den mein Dad überhaupt nicht lachen konnte. Schließlich brachte ihm mein Scherz eine Nacht in einem Schweizer Gefängnis ein. Für mich war die eine Nacht als verwaistes Kind erträglich. Ohne Eltern genießt man doch so manche Freiheit. Dass ich an der Grenze Daddys Pass gegen eine Postkarte mit dem Konterfei von Hans Albers vertauscht und dem Zöllner hingestreckt hatte, fand ich einen sehr kreativen Einfall, der dann ja auch nicht weniger kreativ beantwortet wurde - Knast für den alten Herrn. Zum Glück bekam ich das Hans-Albers-Bild wieder zurück. Mit meinem Vetter Hubert will ich den Feldversuch zur Reaktion von Grenzbeamten auf das Bildnis von Hans-Albers fortsetzen. Nächstes Jahr fliegt Hubert mit mir in die USA!

Mein Vater wird diese Nacht in einem Schweizer Gefängnis sicher nicht so schnell vergessen. Ich dagegen wusste schon am nächsten Morgen nicht mehr, wo ich geschlafen hatte. Das hängt sicher damit zusammen, dass mein Vater und ich unterschiedlichen Generationen angehören. Die ältere Generation lebt viel stärker in Erinnerungen, in der Vergangenheit als wir jungen Leute. Meine Generation lebt viel stärker in der temporären und zukünftigen Wirkung des Alkohols. Schon allein daher ist die Orientierung an der Vergangenheit sehr problematisch: Nach dem fünften Glas Wodka habe ich bereits vergessen, dass ich schon fünf Gläser Wodka getrunken habe. Das schöne daran ist, dass dadurch jedes Glas Wodka das erste Glas Wodka ist, selbst wenn es schon das hunderste ist. Jedes Glas wie ein neuer Tag, abgesehen von dem Tag danach.

Erster Halt nach Vaters Inkarzerierung und meinem Alkohol-Absturz war an der Raststätte "Heidiland". Himmlisch das Bircher Müsli, wie die Augen der hübschen Schweizerin hinter der großen Glasschüssel, deren Inhalt ich Löffel für Löffel in mein kleines Porzellanschälchen überführte - ich bin Schwabe und nehme immer das kleinste und billigste Schälchen, dessen Volumen ich durch eine Ringmauer aus Servietten verdreifache. Ich war so sehr in die Augen dieses Wesens vertieft, dass ich nicht merkte, wie das geschöpfte Bircher Müsli schon lange nicht mehr in mein Schälchen, sondern als das Schälchen bereits übervoll war, zuerst auf das Tablett, dann auf meine Hose und schließlich auf meine Schuhe und auf den Boden wanderte. War das eine völlig verkleckert, kam das nächste dran. Ich bemerkte meine Gedankenlosigkeit erst, als das feuchte Müsli durch meine Hose auf meine Haut sickerte. Der hübschen Schweizerin, der ich zunächst böse sein wollte, weil sie mich nicht auf die Schweinerei, die ich produziert hatte, aufmerksam gemacht hatte, konnte ich aber dann doch nicht böse sein. Durch das Müsli auf meiner Haut aufgeschreckt entpuppte sich nämlich das schöne Wesen hinter der leeren Glasschüssel als Pappschweizerin, die für gute Milch aus Schweizer Landen warb.

Während mein Vater sich den einzigen Grund, warum ich diese Raststätte aufgesucht hatte, einverleibte, verbrachte ich die Zeit auf der Toilette. Ohne auch nur einen Löffel des von mir vergötterten Bircher Müslis genossen zu haben, dafür mit nasser Hose, fuhren wir weiter nach St. Moritz.

Dass bislang in dieser Geschichte wenig geweint wird, obwohl in der Einleitung angekündigt, kann mir nicht zum Vorwurf gemacht werden. Geschichten entwickeln sich bisweilen anders als vom Leser und vom Schreiber erwartet. Außerdem gab es bereits eine Heulszene, die allerdings nicht in geschriebener Form vorliegt. Hier ist die Einbildungskraft des Lesers gefordert! Wozu liest man schließlich ein Buch anstatt ins Kino zu gehen? Um sich selbst die Bilder zum Text zu malen und die Geschichte dort in Gedanken weiterzubauen, wo der Schreiber nur die Hinführung oder die Bausteine liefert! So gab es viel Heulen sicher für meinen Vater im Knast. Da ich aber zum einen nicht dabei war, als Daddy schmorte, und zum zweiten mit meiner Showeinlage vor der Birchermüsli-Theke mit anschließender Reinigungsprozedur genug mit mir und meinem heulenden Elend zu tun hatte, muss der Leser bis zu diesem Zeitpunkt auf eine ausformulierte Tränen-Szene verzichten.

Zurück nach St. Moritz. Wir fuhren also nach St. Moritz hinein. Vater fuhr. Ich ziehe es vor, wenn ich selbst am Steuer sitze, zu schlafen oder aus dem Fenster zu schauen. Viele Verkehrsteilnehmer, die auf ihre eigene Unversehrtheit oder die ihres Fahrzeugs wert legen, können diese Einstellung nur schwer verstehen. Darum hupen sie entweder andauernd, wenn ich am Steuer sitze und ein Verdauungsschläfchen halte, oder, wenn sie mit mir im Auto sitzen, drängen sie mich vom Steuer weg auf den Beifahrersitz. Da ich jedoch für mein Leben gern schalte, müssen meine Fahrer jederzeit damit rechnen, dass ich vom Beifahrersitz aus plötzlich an der Gangschaltung hantiere. Ich bin mechanisch glücklicherweise nicht so begabt, um die Auswirkungen meines Tuns auf das Getriebe richtig einschätzen zu können. Die Menschen, die mich kennen und die mit mir auf Autoreisen gehen, nötigen mich daher immer, auf die Rückbank zu sitzen - wahrscheinlich haben sie es satt, entweder mit der Stirn auf dem Lenkrad aufzuschlagen oder den Airbag ins Gesicht gedrückt zu bekommen, wenn ich mal wieder beim Überholen auf der Autobahn den inneren Zwang verspüre, in den zweiten Gang zurückzuschalten. Auf der Rückbank sitze ich aber sehr ungern, weil mir da immer schlecht wird. Ist mein Mitreisender am Steuer sehr kräftig, dann beuge ich mich beim Eisteigen der Gewalt und gehe nach hinten. Klettere aber sofort nach vorne, wenn wir Reisegeschwindigkeit erreicht haben. Leider bin ich nicht mehr so gelenkig, dass ich auf den Beifahrersitz komme, ohne mich auf dem Lenkrad abzustützen und meinem Fahrer auf den Oberschenkel zu stehen.

Wir fuhren also nach St. Moritz hinein. Ich war heute so von der Landschaft fasziniert, dass ich gar keine Lust zu schalten verspürt hatte. Meines Vaters Nerven waren deswegen noch einigermaßen unstrapaziert - vorausgesetzt, die Tatsache, dass er nach Schweizer Recht nun vorbestraft war, bedrückte ihn nicht allzu sehr. Als wir dann nunmehr endlich nach St. Moritz hineinfuhren, sah ich auf der gegenüberliegenden Straßenseite einen Migros-Supermarkt. Nichts Ungewöhnliches, Migros-Märkte gibt es in der Schweiz so viel wie in den USA MacDonalds-Restaurants oder in Deutschland Hundescheiße in öffentlichen Parks. Dieses objektiv betrachtet kaum erwähnenswerte Lebensmittelgeschäft auf der gegenüberliegenden Straßenseite konnte sich jedoch, nach allem was ich inzwischen über mich weiß, sehr sehr ungünstig auf meinen Erzeuger auswirken - trotz der langen biblischen Einleitung ist hier Erzeuger nicht theologisch zu verstehen! Angenommen, ich hätte diesen Migros nicht gesehen oder noch besser, es gäbe ihn gar nicht, dann wäre die Geschichte folgendermaßen weitergegangen: Vater und Sohn fuhren nach St. Moritz hinein, ohne dabei einen Migros-

Markt gesehen zu haben. Unbeschadet erreichten sie den Parkplatz, der ihnen für das Parken ihres Autos günstig erschien, und parkten ebendort das Auto, mit dem sie diesen Parkplatz unbeschadet erreicht hatten. Nachdem der Vater, der am Steuer saß, wahrgenommen hatte, dass er ebendies, nämlich geparkt zu haben, unbeschadet bewerkstelligt hatte, schnallte er sich, ohne dabei Schaden zu nehmen ab. Dasselbe tat sein neben ihm sitzender Sohn; auch er ohne dabei schwerere Verletzungen zu erleiden.

Unendlich träge wäre die Geschichte dahingekrochen, eine Zumutung für den Leser. Tränen hätte es sicher auch keine gegeben. Aber da war ja dieser Migros auf der anderen Straßenseite. Oh, wie liebe ich Schweizer Mohrenköpfe, die es dort gibt; fast mehr noch als das Schalten von der Beifahrerseite aus. Und wie gern kaufe ich im Migros den Zuckerrohrzucker für keine zwei Franken das Kilo. Ich bin ein großer Teetrinker vor dem Herrn. Niemals ohne Zucker, niemals mit Milch! Der braune Zucker harmoniert besser mit der Farbe des Tees als es der raffinierte weiße tut.

Wie ein Ritter, der sein Schwert aus der Scheide zieht, um dem feuerspeienden Drachen die Gurgel zu ritzen, streckte ich meinen Arm nach dem Migros auf der anderen Straßenseite, einen Schmerzensschrei meines Vaters verursachend. Seine Nase war meinem Ellenbogen im Weg. Beinahe hätte Dad dabei auch noch einen Motorradfahrer geplättet, den er mit meinem Arm quer über das Gesicht schwerlich wahrzunehmen in der Lage war. - Als schweigsam und meditativ veranlagter Mensch bevorzuge ich den nonverbalen Ausdruck. Warum also meinen Vater mit lautem Gezeter "dort drüben, dort drüben, siehst du, bitte halt an, schnell, schnell, siehst du nicht den Migros" erschrecken, wo es doch die ruhige und sanfte Methode der

Gestik gibt. - Dass ich dabei meinem Vater meinen weisenden Arm ins Gesicht schlagen musste, ist nicht im geringsten zu tadeln, schließlich sind Mohrenköpfe und Zucker schon von einiger universaler Bedeutung. Da mein Vater jedoch meinen Hinweis offensichtlich nicht verstand, warum würde er sonst einen Motorradfahrer überfahren anstelle auf die andere Straßenseite überzusetzen, oder aufgrund seines fortgeschrittenen Alters gar nicht wahrnahm - seine Augen werden in beunruhigender Geschwindigkeit schlechter: jetzt übersieht er schon einen nur fünf Meter entfernten Motorradfahrer- musste ich selbst die Initiative ergreifen, schaltete in den ersten Gang zurück, was Daddy seine beiden letzten natürlichen Zähne kostete, griff ihm ins Lenkrad und steuerte geradewegs auf die andere Straßenseite zu, was einigen Angstschweiß auf meines Vaters Stirn verursachte. Seine Begeisterung, von dem Lastwagen, der auf uns zuschoss, gerammt zu werden, hielt sich in Grenzen. Ich war von der plötzlich einsetzenden, für sein Alter ungewöhnlichen Agilität positiv überrascht. In Bruchteilen einer Sekunde schaffte er es, vor dem nur noch wenige Millimeter entfernten Schwerlastzug vorbeizuschießen und auf dem Migros-Parkplatz zu stehen zu kommen. Nach diesem bewundernswerten Erweis seiner noch vorhandenen Fahrtüchtigkeit muss ich Vaters Überweisung ins Pflegeheim vielleicht doch noch einmal überdenken. Sicher dort angekommen, wo ich ankommen wollte, sah ich einen uniformierten Mann auf uns zukommen. Ich ging davon aus, dass sich dieser Mann mit Daddy unterhalten wollte. Ich habe seinerzeit den Kriegsdienst verweigert und reagiere allergisch auf Uniformen (Schüttelfrost, Ausschlag, Kammerflimmern und so). Außerdem gibt es eine große Affinität zwischen Uniformen und meinem Vater: die größte Verbreitung von Uniformen in Europa war in der Zeit, in der mein Vater seine Kindheit verbrachte. Diese Uniform schien das instinktiv zu wissen und fühlte sich so in meinem Vater zur eigenen Vergangenheit hingezogen. Ich gab diesem Mann also die Klinke der Autotür in die Hand und lenkte meine Schritte wichtigeren Dingen zu: den Mohrenköpfen und dem Zucker.

Erfolgreich und glücklich kehrte ich zu meinem Vater zurück. Er befand sich in einem medizinisch bedenklichen Zustand: völlig aufgelöst, die Augen verheult, das Haar zerzaust, die Hose nass von Urin. Dass seine Liebe zu seinem Sohn so groß sein würde, dass eine nur fünfzehnminütige Trennung derartige physische und psychische Auswirkungen haben würde, hatte ich niemals erwartet. Derartig emotional überwältigt tat ich etwas, das ich als größten Erweis, den ein Sohn seinen Eltern zu geben vermag, bezeichnen muss, und gab Daddy einen von meinen Mohrenköpfen ab. Ich steckte ihm den Mohrenkopf direkt in den Mund - ein wahrer Schokoladenkuss. Leider missverstand Daddy auch diese Geste. Die kommunikativen Probleme zwischen Vater- und Sohngeneration sind offensichtlich noch viel stärker, als ich bisher vermutet hatte. Anstatt des erwarteten Freudenschreis als Antwort auf den Schokokuss gab es einen Tobsuchtsanfall. Wie sehr ich mich auch darum bemühte, meinen Vater zu beruhigen, er schrie und fluchte immer stärker. Als ich keinen Rat mehr wusste, rief ich den uniformierten Mann herbei. Mein historisches Wissen sagte mir, dass Uniformen eine große Macht haben. Zunächst bäumte sich Vater noch stärker auf als zuvor, je näher die Uniform kam - was ich als Bestätigung der Richtigkeit des Rezeptes, den uniformierten Mann zu rufen wertete: in den Dämonenaustreibungen Jesu bäumten sich auch die bösen Geister noch einmal auf, bevor sie aus den kranken Menschen fuhren - dann verstummte Vater: er war bewusstlos geworden; für seine Gesundheit in diesem Fall vermutlich das beste. Ich erfuhr nun, was sich während meines kurzen Einkaufs ereignet hatte. Der Mann in Uniform war ein Schweizer Polizist, der meinem Vater seine rüde Fahrweise übelgenommen hatte. Sicher berechtigt, schließlich hatte mein Vater zuerst fasst einen Motorradfahrer getötet und hernach mich in Lebensgefahr gebracht, als er auf den LKW zugesteuert war. Die angemessene Strafe von 500 Franken wollte mein Vater nicht akzeptieren, worauf ihn der Polizist vor die Alternative der Nächtigung im Gefängnis gestellt hatte. Da nun Vater in diesem Augenblick nicht in der Lage war, eine Entscheidung bezüglich seiner Bestrafung zu fällen – er war ja bewusstlos -, tat ich das für einen Sohn Selbstverständliche und versuchte die Sache versöhnlich zu regeln. Ich machte dem Polizisten deutlich, wie wichtig diese Reise für meinen Vater sei; Ruhe und Erholung wirken auf ihn wie Medizin; und die hatte Vater dringend nötig. "Sie haben es ja selbst erlebt, erinnerte ich den Polizisten, "wie leicht reizbar mein Vater ist, wie dringend nötig er diese Reise hat." Ich bat ihn darum, in einem Akt der Menschlichkeit meinem Vater die finanzielle Strafe zu erlassen. Ohne die 500 Franken wäre die Reise für meinen Vater zu Ende gewesen; fünfhundert Franken war alles, was uns an Geld für diese Reise zu Verfügung stand. "Bitte lassen sie uns das Geld" flehte ich, "seien sie so gnädig und nehmen Daddy mit ins Gefängnis!" Ich war so froh, dass sich der Schweizer Polizist erweichen ließ. Mit seinem Hinweis "einen Sohn, der so um seinen Vater kämpft, hätte ich auch gerne" verabschiedete er sich von mir und trug meinen noch immer bewusstlosen Vater auf einer Trage mit sich fort. Ich war froh darüber, meinem Vater den Schmerz des Verlustes unserer finanziellen Ressourcen erspart zu haben.

Da Vater diese Nacht nicht im selben Hotel wie ich verbringen würde, sondern auf Schweizer Staatskosten, konnte ich mir ein etwas exklusiveres Hotelzimmer leisten. Um der tiefen Depression, die mich an diesem Abend, ohne väterliche Gesellschaft allein gelassen, im Drei-Sterne-Restaurant erwartete, vorzubeugen, entschloss ich mich, noch etwas Sport zu treiben. Als ich in mäßigem Tempo dahintrabte, wurde mir plötzlich klar, wie verantwortungslos es von meinem Vater war, diese Nacht im Gefängnis zu verbringen. Er und ich hatten Großes geplant: Wir wollten den Biancograt auf den Piz Bianco und weiter auf die Bernina ersteigen, eine der berühmtesten Gratklettereien der Alpen. Ich wusste, dass dieser Grat immer ein Traum meines Vaters gewesen war, in seinen aktiven Zeiten, als er noch in guter körperlicher Verfassung und klar im Kopf war. Ich wollte ihm diesen Traum erfüllen. Ich wollte ihm ein großes Geschenk machen, ihm etwas ermöglichen, das er selbst nie für möglich gehalten hatte. "Mit meiner Hilfe kannst sogar du es schaffen", versprach ich ihm. Aber dass es trotz meiner herausragenden bergsteigerischen Fähigkeiten nicht ganz ohne seine Mithilfe klappen würde, war mir klar. Ich bat ihn deshalb, sich wenigstens körperlich gut vorzubereiten. Und was tat er? Anstatt mit mir laufen zu gehen, saß er faul im Gefängnis rum, schon die zweite Nacht in Folge. Ich fand das äußerst verantwortungslos mir gegenüber. Er machte es sich im Knast mit Essen und Schlafen gemütlich, und ich, ich opferte für ihn meine kostbare Zeit, erniedrigte mein Extrembergsteiger-Ego zu dieser einfachen Tour, und versäumte sogar eine Raumschiff-Enterprise-Episode im Fernsehen. Aber ich lief und spürte mit jedem Kilometer und mit jeder Pulserhöhung die beruhigende und ausgleichende Wirkung körperlicher Ertüchtigung. Sollte er doch auf der Tour schlapp machen, sollte uns doch eine Eislawine mitreißen, ein Vulkan oder der dritte Weltkrieg ausbrechen, die Welt untergehen – alles war mir plötzlich gleichgültig. Ah, ich liebe diese positiven Wirkungen, die der Sport auf die Psyche hat. Tatsächlich überstand ich dann auch ohne depressiven Anfall den Abend.

Vater holte ich am nächsten Morgen auf der Polizeistelle ab. Man hatte ihn vorübergehend ins Krankenhaus verlegen und künstlich ernähren müssen, da die Bewusstlosigkeit länger als erwartet angehalten hatte. Er war zwar nicht ansprechbar, konnte aber gehen. Ich hielt es daher nicht für notwendig, den für heute geplanten Hüttenaufstieg aufzuschieben. Auf der kurzen Strecke, die wir noch mit dem Auto fahren mussten, fiel er ab und zu in Ohnmacht. Da er am Steuer saß – ich selbst hatte vom gestrigen Abend noch zu viel Restalkohol im Blut – musste ich ab und zu ins Lenkrad greifen; das Schalten übernahm ich sowieso.

Ich packte das Seil, die Lebensmittel und die Eisausrüstung in Vaters Rucksack. Da er immer noch nicht in der Lage war, irgendwelche Laute von sich zu geben, würde er sich über den schweren Rucksack auch nicht beschweren können. Selbstverständlich konnte ich, da ich als Führer die Verantwortung für uns beide zu tragen hatte, über die Verantwortung hinaus unmöglich noch weiteres Gewicht auf meinen Rücken nehmen. Lästig war, dass Daddy alle hundert Meter unter dem schweren Rucksack zusammenbrach. Da dies unser Fortkommen zu stark verlangsamte, spritzte ich meinem Vater von den Aufputschmitteln, die mir ein befreundeter Arzt für den Notfall mitgegeben hatte.

Als wir an der Hütte ankamen, verschwand Vater sofort im Matratzenlager, und schlief, ohne nur einen Bissen zu essen, auf der Stelle ein. Im Gegensatz zu ihm verspürte ich keinerlei

Ermüdungserscheinungen. Altersunterschied und Trainingszustand machten sich hier eindeutig bemerkbar. In der festen Überzeugung, dass meinen Vater den Hunger wieder aus dem Lager treiben würde, trug die Küche das Abendessen für zwei Personen auf. Da ich jedoch die Wirkung der Mittel, die ich Vater gespritzt hatte, genau kannte, machte ich mir keine Illusionen über sein Auftauchen. Er würde bis zum Morgen durchschlafen. Außerdem bekämen ihm die Spaghetti ohnehin nicht, da eine Kombination dieser Aufputschmittel mit Teigwaren zu starken allergischen Reaktionen führt. Ich aß also zwei Portionen und füllte damit meine Kohlenhydratspeicher für den morgigen Gipfelgang.

Um drei Uhr morgens war für Vater und mich die Nacht zu Ende. "Ich habe Hunger!" Vater konnte wieder sprechen! Ich hoffte, dass mit seinen sprachlichen auch seine körperlichen Kräfte wiedergekehrt waren. Da er jedoch nach dem ersten Schluck Kaffee nach draußen rannte und sich übergab – ich hatte vergessen, ihm die Unverträglichkeit der in seinen Körper gespritzten Substanzen mit Koffein mitzuteilen – war es eher unwahrscheinlich, dass er Kraft genug hatte, den Gipfel zu erreichen. Was also war zu tun? Einen Tag warten, um Vater wieder zu Kräften kommen zu lassen? Ich verwarf diese theoretische Möglichkeit, da ich unmöglich einen Tag länger als geplant bleiben konnte – die Leiden, die ich durch das Versäumnis einer weiteren Folge von Raumschiff Enterprise zu ertragen hatte, standen in keinem Verhältnis zu den Leiden, die Vater dadurch ertragen musste, dass er ohne Kraft und Reserven auf die Bernina steigen musste.

Vater bekam den schweren Rucksack auf den Rücken geschnallt. Um Vater in der Dunkelheit nicht im Spaltenlabyrinth zu verlieren, band ich ihn mit einem Seil an meinem Klettergurt fest, weit genug von meinen Ohren entfernt, um sein Jammern nicht hören zu müssen.

Der vorgegebenen Spur auf dem Gletscher folgte ich nur kurz. Ich kenne die Fähigkeiten von Gelegenheitsalpinisten und zog es daher vor, eine eigene Spur anzulegen. Als die Schneeauflage auf dem Gletscher tiefer wurde, ließ ich Vater vorgehen. Das Spuren im Schnee war anstrengend, und ich musste meine Kräfte für die lange Tour schonen. Durch Zug am Seil dirigierte ich ihn von hinten in die Richtung, die ich für die richtige hielt. Plötzlich blieb Vater stehen. Eine senkrechte Eiswand bremste seinen Weg. Nachdem ich meinem Vater seine Unfähigkeit, den richtigen Weg zu finden, lautstark klargemacht hatte, gab ich ihm ein Eisbeil in jede Hand und erklärte ihm, wie mit diesen Geräten umzugehen sei. In seiner Jugend hatte es nur Holzpickel gegeben, mit denen man Stufen ins Eis geschlagen hatte, wenn das Eis steiler wurde. Frontalzacken kannte Vater auch nicht. Da ich ihn, wenn ich vorgestiegen wäre, bei einem Sturz seinerseits, insbesondere mit seinem schweren Rucksack, unmöglich hätte halten können, war es klar, dass er diese senkrechte Eiswand als erster hinaufkletterte. In Anbetracht der Tatsache, dass er bisher nur flache Gletscher begangen hatte und dies auch schon vierzig Jahre her war, machte ich ihm keine Vorwürfe, dass er erst beim fünften Versuch die Wand hinaufkam. Seine vier gescheiterten Versuche hatten immer damit geendet, dass er bis zu mir herunterstürzte. Die Zeit, ihm auch noch zu erklären, wie man Eisschrauben zur Sicherung verwendet, hatten wir nicht. Außer einigen Blutergüssen von den 3 8-Meter-Stürzen aufs harte Eis und Schnittwunden von den Steigeisen und Eisbeilen ging es ihm ganz gut. Eigentlich müsste er völlig am Ende sein: Die Nachwirkungen der Medikamente, leerer Magen, schwerer Rucksack, erster Vorstieg seines Lebens im senkrechten Eis. Für seinen unerwartet guten Zustand gab es nur eine Erklärung: beim Vorsteigen muss er sich dermaßen gefürchtet haben, dass seine Drüsen literweise Endorphine produzierten. Hätte ich ihm jetzt eine Pause gegönnt, dann wären die Vorteile der Endorphine ungenutzt geblieben. Solange Vater noch gehen konnte, musste gegangen werden. Ich stecke ihm also die Eisbeile in den Rucksack, band ihn mit dem Seil an mir fest und übernahm wieder die Führung. Da Vater durch seine Unfähigkeit, den richtigen Weg zu finden, auf diese Eiswand gestoßen war und bei deren Bewältigung dermaßen getrödelt hatte, waren alle anderen Bergsteiger, die mit uns am Morgen von der Hütte aufgebrochen waren, schon außer Sichtweite. Das entsprach genau meinem Plan, wollte ich doch einen größtmöglichen Abstand zwischen unsere Seilschaft und alle anderen Seilschaften bringen. Die Gefahren, die von diesen Wochenendalpinisten ausgehen, sind einfach unberechenbar. Ich wollte keinerlei Risiko eingehen. Schließlich trug ich die Verantwortung für meinen Vater.

Als wir den Grat erreichten, ging gerade die Sonne auf. Ich nahm Kamera und Verpflegung aus Vaters Rucksack und sagte ihm, wie der folgende Felsaufschwung am einfachsten zu bewältigen sei. Ich konnte ihm keine Pause gönnen, weil wir dann nie am Gipfel ankommen würden. Dass seine Kletterfähigkeiten nicht sehr ausgeprägt waren und er im steileren Gelände sehr langsam wurde, hatte ich ja an der kurzen Eiswand gesehen. Während er sich mit dem schweren Rucksack an dieser einfachen Kletterstelle abmühte, fotografierte ich Sonne und Berge. Ich war glücklich, den Sonnenaufgang zu haben. So musste ich nicht den unästhetischen Kletterversuchen meines Vaters zusehen. Als er endlich die Felspassage bewältigt hatte, war ich mit dem Fotografieren fertig und kam ihm nachgestiegen. Die Morgensonne traf die obersten Eiskristalle des zum Piz Bianco steil hinaufstrebenden Grates. Sie funkelten wie Diamanten und stachen in die Augen, wenn der leichte Wind sie drehte. Vater wäre überwältigt gewesen, wenn er dieses Naturschauspiel wahrgenommen hätte. Sein sehr plötzlich eingetretener Erschöpfungszustand hatten seine Sinne so geschwächt, dass er außer Hunger, Durst und Erschöpfung überhaupt nichts mehr wahrzunehmen schien. Er hatte kaum noch Kraft, die Beine zu heben; bei jedem Schritt streiften die Steigeisen über das Eis. Sein Atem ging schwer, keuchend. Die Augen starrten leer und ausdruckslos auf den gleißenden Firn. Meines Vaters Leiden sehen zu müssen, war nicht schön. Ich setzte die Sonnenbrille auf. Dann griff ich nach der Trinkflasche und setzte sie Vater an den Mund.

Mit wenigen Zügen leerte er die Flasche. "Ich kann nicht mehr!" stöhnte er. Vater war es ernst. Mir plötzlich auch. Der Gipfel war noch weit, zurück viel weiter. Er war mein Vater, kein Kunde. Ich war sein Fleisch, sein Blut. Er war in mir. Ich war zur Hälfte mein Vater. Sein Teil in mir sah, was er sah und war entsetzt. Ich sah nur diesen leblosen Flecken Eis, auf dem er stand, dann nichts mehr. Keine Hoffnungen mehr, keine Erinnerungen. Kein Gipfel, kein Tal. Nur noch dieser Flecken Eis, sonst nichts. "Ich kann nicht mehr weiter!" Die Hälfte meiner eben noch vorhanden Kraft war fort und hatte sich in tiefe Furcht verwandelt, in Furcht, zum Vatermörder zu werden. Ich musste alles daran setzen, von dieser Furcht nicht gänzlich überwältigt zu werden. Es würde sonst geschehen. Ich musste diese Angst verbergen, vor mir und wichtiger noch, vor meinem Vater. Um ihn zu retten, musste ich mich selbst verlieren. Er kämpfte seinen Kampf, ich seinen und meinen zusammen. Bei jeder kurzen Pause, von denen es nun viele gab, sah ich in seinen Augen, was sein Mund schon nicht mehr sagen konnte: Es geht nicht mehr! Lass mich zurück! Was ich hörte war "Vatermörder! Vatermörder!" Um es nicht zu werden, musste ich alle fünf Minuten halten, um Vater für die nächsten fünf Minuten Kraft tanken zu lassen. Länger als fünf Minuten am Stück zu gehen war ihm nicht mehr möglich. Seine Reserven waren aufgebraucht. Bei jeder Pause schrie es in meinem Kopf "Vatermörder, Vatermörder!" Um es nicht zu werden, musste ich es hören, immer lauter und immer öfter.

Als wir den Gipfel erreichten, war die Sonne untergegangen. Vater war nicht mehr der Mann, den ich zu kennen geglaubt hatte; er war ein weiches zerbrechliches Kind geworden. Ich selbst war schon lange nicht mehr ich selbst. Stundenlang mit dem Gedanken konfrontiert, mit dem eigenen Vater ausgezogen, und ohne ihn zurückgekehrt zu sein, den eigenen Vater am Berg zurückgelassen, ihn im Stich gelassen, ihn ermordet zu haben, hatte sich meine Seele in die unerreichbaren Tiefen des Unterbewusstseins zurückgezogen, um nicht an diesem Gedanken zugrunde zu gehen. Der Sohn erfüllte seine Pflicht, indem er Zuversicht und Hoffnung dem Vater gegenüber ausstrahlte, der schon lange nicht mehr daran glaubte, noch irgendwo lebend anzukommen. Die Qualen, die der Sohn dabei erlitt, durften keine Bedeutung haben. Es gab nur eins das zählte: das Leben des Vaters.

Als Abraham gerade das Messer an des Sohnes Kehle setzte, siehe, da sprang ein Widder aus dem Gebüsch und eine Stimme sprach: Abraham, ich habe deinen Glauben gesehen.

Sechs Nächte zur Weisheit

I

Der Wind wirft Wassertropfen gegen mein Gesicht. Aus den Wolken gibt es kein Hinaus. Das Tal, die Häuser, Straßen, Bäume gibt es nicht; wir sind allein. Wir wollten hier hinauf und dennoch hier jetzt nicht mehr sein. Die Wolken bauen eine Wand zwischen uns und der Welt der Menschen. Was man nicht sieht, von dem ist man getrennt. Die Augen werfen Ankerleinen. Wo es nichts gibt, wonach sie werfen könnten, da ist kein Halt, da kommt die Furcht. Die Regenwolken haben die Leinen zur Welt gekappt. Die Einsamkeit, die wir doch suchten, sie hat uns ganz, und wir sind machtlos. Ausgeliefert, abgetrennt. Was man in kleiner Dosis sucht, am Berg, das überschwemmt dich plötzlich ganz, lehrt dich das Fürchten.
Als wir das Gröbste hinter uns hatten, die Wolken noch unsichtbar für uns hinter dem Berg standen, da sah ich in meinem Rücken einen vergangenen Ort. Zehn Jahre sind vergangen. Noch bin ich nicht alt, doch älter geworden. Wäre ich alt , wäre ich nicht hier. Die Jugend hat die Dynamik der Arglosigkeit. Wohl war ich damals mit 25 auch nicht mehr ganz jung, doch war das Feuer für die Berge gerade erst entzündet, der Glaube an die eigene Kraft und Unverletzlichkeit noch ungebrochen. Vernunft und Denken gab es nicht, nur den Glauben. Das Älter-Werden hat den Glauben schwach gemacht. Auch wenn ich meinen Körper stärker weiß als damals, so hilft das nichts, da jetzt die kühle Vernunft bestimmt und das Feuer erstickt. Ob ich deswegen länger leben werde? Ist die Kraft des ungebändigten Feuers überlebenswilliger als die kühle Vernunft?

Trotz innerer Hitze war es damals eisig kalt. Kein Sonnenstrahl erwärmte die Nordwand der großen Zinne. Es muss September gewesen sein: die Tage waren kurz. Es war eine spontane Aktion. Derartige Aktionen zeichneten mein damaliges Kletterleben aus. Eine 'Aktion' hatte den Erlebniswert und die Eindrücklichkeit eines Bungeesprungs, mit dem kleinen Unterschied, dass eine solche Aktion nicht Sekunden sondern Stunden dauerte. Eine Aktion war in der Regel eine lange und schwere alpine Tour, ein extremer Klassiker, etwas wovon man träumte, wofür man gezielt trainieren musste. Wir träumten mehr als dass wir trainierten: wir genossen den Kälteschauer, der uns bei der Lektüre der Routenbeschreibungen befiel: "weißer Ausbruch, VI+, Fingerriss, VI, 27 m-Quergang oberhalb von Dach". Was man lesen kann, das kann man auch klettern, so träumten wir. Das Topo auswendig gelernt ist so gut wie die Tour zur Hälfte durchstiegen.

So standen wir eines Vormittags vor der steilen Nordwand der großen Zinne. Eigentlich ist die Wand nur 600 Meter hoch, guter Durchschnitt, immerhin hat der Eiger die dreifache Höhe. Wenn man aber selber grade mal einsfünfundsiebzig ist , dann sind 600 Meter einfach 342 mal größer als man selbst. Wenn man dann beim Hochschauen den Kopf so weit in den Nacken nehmen muss, das man fast nach hinten überfällt, dann fühlt man langsam, dass die Berühmtheit dieser Wand ihre Berechtigung hat. Doch sind das alles Überlegungen, die ich erst aus der Rückschau anstelle. Damals am Einstieg waren nur die Worte wichtig: Große Zinne Nordwand, nicht die Tatsachen. Also stiegen wir ein. Wir waren die einzigen in der Wand. Unsere Zuschauer am Paternsattel standen in der Sonne, während uns die Finger einfroren. Die kleinen Griffe waren so nicht zu halten und einen Sturz zu riskieren war in Anbetracht der rostigen

Haken nicht ratsam - so weit reichte unser Verstand noch. Waren die Felsgriffe zu klein, griffen wir in die Karabiner. In den letzten Seillängen bekam ich Krämpfe in den Unterarmen. Dann standen wir auf dem Gamsband. Wir hatten die Comici durchstiegen. Wir waren erschöpft und glücklich. Und wir waren am Ziel. Der Gipfel hatte keine Bedeutung, das Ziel war die Wand gewesen. Heute sehe ich mich erst am Ziel, wenn ich wieder auf dem Boden stehe, 'wenn das Bier vor mir steht', wie es Reinhard Karl formulierte.

Es war spät geworden damals, die Sonne schon lange hinter der westlichen Zinne verschwunden. Die Dunkelheit zog mit der Kühle der Nacht aus den Abgründen zu uns herauf. Wir hatten kein Licht, das uns den Abstieg hätte leuchten können.

Welche Rinne führt hinab? Die erste, die zweite? Und wohin führt diese Rinne? Stelle ich meinen Fuß auf jenen großen schwarzen Stein, hänge ich in der Luft, weil Stein und Nicht-Stein beide schwarz sind. Wie weit werde ich fallen? Gar nicht oder fünfzig Meter?

Mein Freund sucht nach dem Weg, ich helfe nicht. Vor mir sehe ich ein großes Loch im Fels. Schutz vor Regen. Biwak. Ich kenne das Wort und trage in den Alpen immer einen Biwaksack in meinem Rucksack. Ich bin sehr schnell bei dem Gedanken, zu biwakieren. Das liegt daran, dass ich in dieser Disziplin ein Neuling bin. "Biwak" trägt die Aura des Heldenhaften. "Biwak" ist ein Ohrenspitzer. Das erste Biwak ist schnell entschieden, alle weiteren müssen erzwungen werden. Noch ist mein Freund auf der Suche. Ich sehe ihn nicht mehr. Der Platz ist eben. Das wird gut sein. Ich ziehe den roten Sack aus seiner Hülle. Sack und Hülle unterscheiden sich nur in der Größe. Mollige Wärme ist da nicht zu erwarten. Aber davon weiß ich noch nichts. Ich stehe in der Erwartung, das Wort "Biwak" bald auch in Kombination mit mir verwenden zu dürfen. Mein Freund kommt zurück. Er räumt die Steine aus der Nische und breitet das Seil über dem nackten Fels aus. Auch er ist Biwakneuling und mir dennoch ein Biwak voraus. Regenjacke und Regenhose, Handschuhe und Mütze, zuletzt in die große Hülle, einer nach dem anderen. Aus dem planen eisigen Felsenbett ist eine hügelige Wiese geworden. Wir beobachten, wie es mit zunehmender Dunkelheit heller wird. Aus schwarz werden Dutzende von Schwarztönen. Der unförmige Riesenklotz uns gegenüber bekommt ein Gesicht. Türme, Kanzeln, Bänder, Risse, Verschneidungen. Mehr Sterne.

Ich habe keine Angst. Die Luft, die ich einatme, wird kälter. Dort oben ein Flugzeug. Es ist eng dort.

"Wollen sie eine Decke?", fragt die Stewardess.

Ich versuche, die große Öffnung, durch die wir in die dünne Hülle gekrochen sind, weiter zuzuziehen. Meine Zähne klappern.

"Wünschen sie eine Tasse Kaffee?"

Ich bin bis zum Hals in den Biwaksack gekrochen.

Joe schaut nach den Sternen.

Meine Füße sind kalt. Ich will sie näher an den Körper bringen und stoße gegen Joes Hüfte. Ich frage nach der Uhrzeit. In sechs Stunden wird es hell. Joe ist jetzt auch bis zum Hals in den Biwaksack gekrochen. Wenn er sich nach rechts dreht, muss auch ich mich nach rechts drehen. Ich ziehe meine Beine an; auch er muss seine Beine anziehen. Ich liege bequem und werde müde, müder. Ich werde aufwachen und die Sonne sehen. Ich schlafe schon fast, da beginnen meine Zähne wieder zu klappern.

"Wann wird es hell?"

Ich werde nicht einschlafen. Ich werde im Wach-Sein müder

und müder werden. Je müder ich werde, desto kälter wird mir werden. Und je kälter mir wird, desto wacher werde ich. Immer an der Schwelle zwischen Wachen und Schlafen werde ich die Nacht verbringen müssen.
Wo kommt das Wasser her? Meine Kleider sind nass! Es ist das Wasser, das sich am Innern des Biwaksackes niederschlägt. Die Feuchtigkeit dringt aus meinen Poren. Je mehr Feuchtigkeit ich verdunste, desto kälter wird mir. Es wird nicht heller. Ich muss mich drehen und kann doch nicht. Das Seil drückt mir in den Rücken. Wie lange noch, wie lange noch? Meine Zähne klappern unentwegt. "Joe, schläfst du? Wann, meinst du, können wir aufbrechen?" Ein leichter Wind zieht in unsere Nische. Wird es regnen? Es ist totenstill. Nur das Geklapper meiner Zähne und das Rascheln des Biwaksacks sind zu hören.
Nein, ich habe keine Angst. Kälte ist in meinen Gliedern und in meinem Kopf, aber keine Angst.

2

Am Fuße der Nasswand stehen Kreuze in Reih und Glied. Sie künden von Vergangenem. Ein Soldatenfriedhof. Ich habe nie einen Soldatenfriedhof betreten. Meine Großmutter erzählte manchmal vom Krieg. Sie ging auf Soldatenfriedhöfe und auf Friedhöfe. Ich gehe auch nicht auf Friedhöfe. Seit meine Großmutter tot ist, habe ich sie nicht mehr besucht. Ich habe meine Großmutter sehr geliebt.
Ich war wohl zu jung, als ich die ersten Soldatenfriedhöfe sah. In meinen Augen waren die Männer, die hier begraben lagen, umsonst gestorben, hatten ihr Leben für nichts dahin gegeben. Sie waren dumm, und um dumme Menschen weine ich nicht! Meine Großmutter hatte geweint. Das Herz noch voller Feuer und Begehren hatte der Krieg keine Rücksicht auf die Liebe

genommen und ihr den Gatten von der Seite gerissen. Im Krieg hatte er hassen und morden gelernt; dem Hassen und Morden eines anderen fiel er zum Opfer. Seine Frau ließ er zurück, seine Kinder, meinen Vater, mit der Mutter allein.

Sinnlos gestorben, dem teuflischen Hass, dem Wahnsinn zum Diener geworden, so dachte ich, mein Denken über die Tränen der Großmutter stellend. Ich unterschied nur zwischen Sinn und Unsinn, sah nicht und fühlte nicht, dass es um Liebe und Schmerz ging. Gerne würde ich heute mit meiner Großmutter auf einen Soldatenfriedhof gehen und mit ihr weinen. Doch sie ist tot. Sie starb zu früh. Nun kann ich nur noch um sie weinen.

Es waren Tage voller Leben, voller Angst ums Überleben. Wir hatten nicht genug nach unserer Nacht auf der großen Zinne, wir wollten mehr. Doch nicht so viel wie wir bekamen.

Die letzten Seillängen durch die Nordwestwand der Nasswand waren haarsträubend. Auf der Originalroute waren wir längst nicht mehr. In eine senkrechte Verschneidung voll loser Steine schlug ich einen Haken nach dem anderen. 700 Meter über dem Boden trieb mich nunmehr die Angst vor der Tiefe nach oben. Es war noch niemand so verrückt gewesen, diesen Weg zu wählen. Am Ende meiner Kräfte stand ich auf einem kleinen Absatz. Ich schlug einen schlechten Haken und noch einen schlechten. Während Joe zu mir heraufstieg, langsam, mühevoll die Haken wieder herausschlagend, suchte ich über mir einen Ausweg aus dem Horror. Das Dach über mir war unkletterbar, ein dünner Riss durch die steile Wand links des Dachs ein Alptraum. Joe wählte den Riss. Zentimeter um Zentimeter quälte er sich fluchend höher. Ich schwieg und starrte auf die beiden Haken, an denen Joes und mein Leben hing. Joe entschwand meinen Blicken; ich hörte noch sein Schnaufen, laut und furchteinflößend, dann war es still.

Die Haken würden nicht halten, wenn Joe stürzt. Ich hing am selben Seil wie er. "Stürz nicht, bitte stürze nicht", wimmerte ich. Keinen Millimeter bewegte sich das Seil. Warum klettert Joe nicht weiter? Wenn ihm ein Griff ausbricht? "Bitte, bitte geh weiter, Joe, bitte!" Dann hörte ich ihn schreien. Er hatte es geschafft, sah den Gipfel schon.
Fast tausend Meter unter uns der Soldatenfriedhof. Eine Stunde für den Abstieg, hieß es. Wie konnten wir so einfältig sein, das zu glauben.
Nach der Schlucht, durch die bei Regen Wassermassen schießen, in der es Abseilschlingen geben soll, müssen wir nicht lange suchen. Steil und düster geht es hinab. Alt und modrig sind die Schlingen, gut versteckt oder ausgerissen, nicht vorhanden. Wir müssen Haken schlagen, leider, denn viele sind es nicht mehr, die wir haben und weit, sehr weit geht es noch hinunter. Bald ist es nicht mehr nur die Schlucht allein, die düster ist; die Sonne geht unter.
Die selbe Rollenverteilung wie beim ersten Mal. Joe drängt weiter, er hat noch Hoffnung, den Ausgang aus diesem Schlund zu finden. Ich habe mich der Nacht ergeben. Verbissen tastet Joe nach Ritzen in der Wand, in die er einen Haken treiben kann. Das Eisen singt. Die Schläge hallen von Wand zu Wand die Schlucht hinauf und hinab. Alles Licht ist verschlungen. Kaum kann ich Joe noch sehen. Er verschwindet in die schwarze Tiefe. Er ruft herauf, dass ich aufpassen solle. Das Seil ist an meinem Gurt, in meiner linken und in meiner Hand kann ich es spüren, den Fels unter den Füßen, ich sehe ihn nicht. Die Luft, die mir in die Nase weht, sie riecht nach Grün, nach Lebenssaft; es ist der Duft des Waldes, der sich zur Ruhe begibt. Es ist beruhigend, dass das Leben nah ist. Dann habe ich nichts mehr unter den Füßen. Meine Augen irren verloren durch den Raum, in

dem sie keinen Halt finden. Alles ist schwarz. Ich hänge frei in der Luft, beginne mich zu drehen. Nur ungern lasse ich mit den Händen lockerer, um abwärts zu schweben. Dies muss ein riesiger Überhang sein. Ich bekomme keinen Boden unter die Füße, stoße nirgends an. Ich weiß nicht, ob der Haken hält, ich sehe nicht, wohin ich abwärts schwebe, ob das Seil bis dorthin reicht. Unendlich weit kommt es mir vor bis endlich, endlich ich auf Steinen stehe. Nun hat auch Joe ein Einsehen. Wir tasten den Boden ab nach einer ebenen Fläche, räumen kantige Steine beiseite, breiten Seil und Rucksäcke aus. Und wieder kriechen wir in den Biwaksack. In dieser Nacht in Mutter Erdens kaltem, hartem Schoß sind wir behütet. Kein Regen kommt und spült uns fort.

3

Vorige Woche habe ich mir einen großen Spiegel gekauft. Nicht, dass ich bisher durchs Leben gegangen bin, ohne mich selbst jemals gesehen zu haben. Der kleine Spiegel im Bad hatte immer genügt. Mehr als den Kopf bekommt außer mir ohnehin kaum jemand zu sehen, etwas anderes interessiert auch nicht. Schließlich ist der Kopf der wichtigste Körperteil des Menschen. Und wer etwas mehr als den Kopf zu sehen bekommt, der wurde durch den Kopf dazu gebracht, mehr sehen zu wollen.

Die Zähne sauber, der Bart gestutzt, die Mähne gekämmt - diese Informationen des kleinen Spiegels waren bisher genug, um glücklich zu sein. ‘Waren’! Das Übel begegnete mir in Gestalt zweier junger Mädchen, die ich etwa so alt wie mich schätzte. "Entschuldigen Sie...!" Hatte ich richtig gehört? "Können Sie uns sagen...?" Schon wieder! Nicht, dass die beiden, das ‘Sie’ betont hätten; sie sagten es mit einer Selbstverständlichkeit, die

mir auf einen Schlag klar machte, dass es aus ist mit dem Jung-Sein. Der Versuch, diesen Verwesungsgeruch zu vertreiben, indem ich die beiden duzte, misslang.
Nach wenigen Stunden Schlaf in der folgenden Nacht – deutliches Zeichen des Alterns – erwachte ich mit einem dicken Bauch. Mein ganzes Leben lang war ich schlank gewesen, konnte tonnenweise Nudelsalat essen, ohne auch nur ein Gramm zuzunehmen. Und nun, über Nacht, zur Tonne mutiert, zum Nilpferd, Fettkloß. Die alten Warnungen nach Bergen von Spaghetti klangen mir in den Ohren: pass auf, wenn du älter wirst, geht das nicht mehr! Und nun war es geschehen. Wie eine Strafe für das In-den-Wind-Schlagen der Warnungen war ich nun, ohne auch nur eine Nudel oder ein Stückchen Schokolade gegessen zu haben, dick geworden, hatte einen Bauch bekommen, der das Gewebe des Hemdes so weit auseinander presste, dass Löcher entstanden, so groß, dass eine Hummel hindurchfliegen konnte. Ich spürte diesen Bauch. Ich konnte kaum aus dem Bett aufstehen, so schwer war er. Im Badezimmer angekommen bemühte ich mich vergeblich, dieses Ungetüm zu inspizieren. Ich wollte doch sehen, was aus mir geworden war. Das Gewicht, das ich jahrelang auf dem Rücken durch die Berge getragen hatte, war nach vorne gewandert. Meat Loaf. Ende der Bergsteigerei, Beginn der Kaffeefahrten!
Da ich das Eintritt ins Pensionsalter nicht hinnehmen wollte, ohne zuvor das verantwortliche Ungetüm leibhaftig gesehen zu haben, musste ein körpergroßer Spiegel her. Seit einer Woche steht nun dieser Spiegel meinem Bett gegenüber. Er bringt eine für alternde Menschen wichtige Regelmäßigkeit in mein Leben. Jeden Morgen nach dem Aufstehen und nach der Kontrolle meiner Unterhose – die Inkontinenz ist auf dem Vormarsch – betrachte ich meinen dicker und wabbeliger werdenden Bauch.

Das kommt davon, wenn man immer leichteres Material kauft! Der Gewichtsfetischist ist der Vater der Fettleibigkeit. Kein Gewicht auf dem Rücken führt über kurz oder lang zu viel Gewicht im Bauch. Als ich ein erwachsener Bergsteiger geworden war, hatte ich aus den zu schweren Rucksäcken der Jugend gelernt und nur noch Minimalgepäck dabei. Dass ich dadurch unweigerlich auf Gewichtszunahme zusteuerte, war mir nicht klar gewesen. Hätte ich doch weiter zwanzig Kilo schwere Rucksäcke durch die schwersten Kletterrouten geschleppt, ich wäre heute im stolzen Alter von 35 noch immer so schlank wie damals.

Es war aber wahrscheinlich nicht nur der schwere Rucksack, der zu Biwak drei führte. Die "Aktion" , die wir uns vorgenommen hatten, hieß "Peuterey integral", eine der längsten Gratüberschreitungen der Alpen, drei bis fünf Tage Eis und Fels, eine Hütte, eine Biwakschachtel, Kletterei bis zum oberen fünften Grad, steiles Eis bis 55°, 450 Meter abseilen. Das waren die Parameter, nach denen wir lechzten. Dazu, natürlich, ein schwerer Rucksack. 2600 Höhenmeter, von Courmayeur auf den Mont Blanc.

Der erste Klettertag trennt die Spreu vom Weizen: 50 Seillängen auf den Gipfel der Aiguille Noire de Peuterey; das sind 2700 Klettermeter, auf und ab. Dabei wird das Wasser schnell knapp. Und hat man den Gipfel nach zehn Stunden erreicht, ist Tageshalbzeit. 450 Meter abseilen, teilweise überhängend, besonders am Nachmittag besteht Stein- und Eisschlaggefahr; danach geht es durch Fels, Schnee und Eis stundenlang noch einmal auf und ab bis man vielleicht vor Einbruch der Nacht die Biwakhütte erreicht. Wir erreichten nicht einmal den Gipfel. Wie 80 % derer, die mit uns eingestiegen waren, gehörten wir zur Spreu. Es war meine Schuld. Ich hatte zu wenig zu trinken mitgenommen , ich hatte keine Kletterschuhe dabei, nur schwere harte Kunststoffbergstiefel und ich hatte einen zu schweren Rucksack. Kilometerlanges Klettern im steilen Granit mit skistiefelähnlichen Globen an den Füßen und einem schweren Rucksack kann nicht gut gehen. Vom Gipfel noch zwei Stunden entfernt, das schwierigste Stück Kletterei noch vor uns, streckte ich auf 3499 Metern Höhe, am Pointe Brendel die Segel. Die kleine Wolke über dem Gipfel war eine schlechte Ausrede. Ich konnte nicht mehr. Es war eindeutig mein Verschulden, dass wir unser Ziel nicht erreichten. Ich war zunächst erleichtert, als es nicht mehr aufwärts ging. Die Seilschaft vor uns hatte auch abgebrochen und seilte in die Südwand hinein ab. Über diesen Abstieg hatten wir keinerlei Informationen. Schafe waren wir und folgten der Herde. Natürlich war es ein Wagnis, in unbekanntes Gelände abzuseilen. Aber wir vertrauten auf die Gebietskenntnis der Kletterer unter uns. Die Tatsache, dass es geschlagene Abseilhaken gab, sprach dafür, dass wir nicht die ersten waren, die diesen Notabstieg wählten. Steil war es, oft überhängend. Die Ausmaße dieses Berges wurden uns erst jetzt bewusst. Tausend Meter waren es bis zum Wandfuß und mehr als tausend Meter war diese Wand breit. Der Abstand zwischen uns und denen, die den Weg kannten, wuchs. An der unangenehmsten Abseilstelle, direkt unter einem kleinen Überhang, kein Platz zum Stehen, im Haken über dem Abgrund hängend, in den nicht selten Steine stürzten, deren Aufschlagen weder zu hören noch zu sehen war, klemmte das Seil. Schlimmer hätte es nicht sein können. Das eine Seilende war bereits nach oben verschwunden, da gab das andere, an dem wir zogen, keinen Millimeter mehr nach. Alle Versuche es frei zu bekommen scheiterten. Diese Situation zählt zu den Alpträumen des Bergsteigers. Aus diesem Dilemma gibt es keinen sicheren Ausweg. Sicher ist nur die Tatenlosigkeit: am Haken warten. Aber warten worauf? Auf Hilfe? Woher soll hier Hilfe kommen. Das Ziel ist der Wandfuß und der ist 800 Meter tiefer. Das Seil hängen lassen und ungesichert absteigen wäre in dieser Wand Selbstmord, die Kletterschwierigkeiten dabei höher als beim Aufstieg. Was bleibt als Alternative? An dem einen verbliebenen Seilende unsicher gesichert so weit höher steigen, bis das verklemmte andere Ende zu greifen ist; dabei hoffen, dass das verklemmte Ende gut klemmt und nicht plötzlich freikommt und mit dem Höhersteigenden abstürzt. In diesem Moment bin ich sehr froh, erschöpft zu sein und diese furchtbare Aufgabe nicht übernehmen zu müssen.

Mir gefriert das Blut in den Adern, wenn ich daran denke, wie sich Joe diese schwierige Kletterstelle ungesichert hochkämpfen musste, und das 800 Meter über Grund. Er bekam das Seil frei. Von denen, die den Weg kannten, war lange nichts mehr zu sehen. Erst als es zu dunkeln anfing, sahen wir sie wieder. Auf einem Band etwa 100 Meter über dem Wandfuß querten sie nach links. Die Nacht war schneller als wir. Nicht weit oberhalb des Bandes mussten wir biwakieren. Wir schlugen einen Haken, an dem wir uns festmachten. Auf einer schmalen abschüssigen Leiste, nicht breiter als ein Holzbalken, mussten wir die Nacht verbringen. In regelmäßigen Abständen pfiffen Steine durch die Dunkelheit. Sie kamen von weit oben. Gestern hatten wir ihr Aufschlagen nicht gehört; zu weit entfernt war es gewesen. In dieser Nacht hörten wir es klar und deutlich neben uns. Nur flach an die Wand gepresst waren wir vor den Steinen sicher. Als es nach sechs Stunden Dauerbeschuss endlich heller wurde, gab es keinen Bergsteiger, der schneller war als wir.

4

Vor meinem vierzigsten Geburtstag will ich die Eiger-Nordwand durchstiegen haben. Mit vierzig wird der Schwabe klug, sagt man. Da ich mit vierzig klug sein werde, kann ich danach die Wand nicht mehr durchsteigen. Der Erstbegeher der Diretissima hat sich zu seinem fünfzigsten Geburtstag ein zweites Mal in diese Wand begeben. Er kann kein Schwabe sein.
Die Probleme bei meinem Eiger-Versuch werden weniger der Hinterstoisser-Quergang oder die weiße Spinne sein, sondern der Seilgefährte. Schon heute sind die Freunde rar geworden, die sich mit mir auf längere alpine Touren einlassen. Der zunehmende Teil meiner alten Gefährten hat die schlaflosen Nächte im Biwak gegen schlaflose Nächte durch Kindergeschrei eingetauscht. Bald ist niemand mehr übrig, der mit mir im Todesbiwak die Nacht verbringen will. Alle scheinen sich zu verändern, nur nicht ich. Noch habe ich keine Kinder und was dazugehört.
Mit dreißig kletterte ich mit Gunter die Agner Nordkante. Sie ist mit 1600 Metern Höhe nur zweihundert Meter niedriger als die Eiger-Nordwand. Der Routenverlauf ist vom Zeltplatz aus gut zu erkennen. Über den Latschenvorbau zum Beginn der Kante. Dann an der Kante, dann rechts der Kante durch eine Verschneidung, dann wieder direkt auf der Kante bis zum Ausstieg auf das Schuttband. Wir starteten am frühen Morgen vom Zeltplatz. Nur ein schmaler Pfad führt zum Einstieg. Die Agner-Nordkante ist keine Modetour. Sie hat bestimmt nur wenige Besteigungen pro Jahr. Am Fuß der Nordwand steht eine Biwakschachtel. Ich weiß nicht, ob diese Blechdose schon stand, als Reinhold Messner im Winter durch die Nordwand stieg. Die Nordwand ist so hoch wie die Nordkante, nur schwieriger. Die Größenverhältnisse an diesem Monolith beeindruckten uns. Die Verschneidung, die vom Tal nur ein Strich ist, hat eine Brei-

te von annähernd fünfzig Metern. Allein der Latschenaufbau ist schon mehrere hundert Meter hoch. Und mit fünf Seillängen, nach denen man in den Tannheimer Bergen schon auf dem Gipfel steht, hat man es hier vom Tal aus betrachtet gerade mal von einer zur nächsten Latsche geschafft. Klettern, klettern, stundenlang klettern, ohne irgendeinen Laut zu hören oder einen Menschen zu sehen. Pausenlos, stundenlang klettern. Und wenn man genug vom Klettern hat, geht es erst richtig los mit dem Klettern, wird es schwierig. Die Zeile "unschwer über Schrofen zu Gipfel", die in vielen Routenbeschreibungen über die letzten Meter einer Kletterei zu lesen ist, kommt mir in den Sinn, wenn ich an die letzten Seillängen an der Agner-Nordkante denke. Von den etwa zehn Haken, die in der ganzen Kante stecken, sind acht in den letzten Seillängen. Diese letzten Seillängen sind schlimm. Die Fingerkuppen brennen vom rauen Dolomitkalk, die Muskeln beginnen zu krampfen, der Geist ist erschöpft. Nach über zehnstündiger Kletterei gehen physische und psychische Kraft zur Neige. Aber ein Ende ist nicht zu sehen; im Gegenteil, jetzt wo wir nur noch "unschwer über Schrofen zum Gipfel" wollen, beginnen die Hauptschwierigkeiten. Aus der angenehmen großen Verschneidung geht es heraus, genau dorthin, wo man sich vom Tal aus gewünscht hat, nie klettern zu müssen. An der exponiertesten Stelle des Riesenzahnes, zwei Kilometer über Grund, senkrecht in den Himmel. Wir klettern direkt an der Kante, sehen Häuser kleiner wie Stecknadelköpfe, Seillänge um Seillänge. Nichts sehnlicher wünschen wir uns, als dass wir nicht mehr weiter klettern müssen.

Aber es geht noch einmal vierzig Meter senkrecht einen Riss hinauf. Und noch eine Seillänge und noch eine.

Nichts geht mehr.

Selten war ich so froh über ein Geröllband wie am Agner. Wenige Meter steigen wir durch das Geröll höher, weg von diesem gewaltigen Abgrund, über den wir gekommen sind. Wir setzen uns in die Steine und schweigen. Unseren Atem verbläst ein leichter Wind. Uns gegenüber verschwindet blutrot die Sonne hinter grauen Wolken. Sie lässt auf den Wolken zurück ihre Farbe, verfärbt den Himmel und unsere Gesichter. Die Stille wäscht alle Anstrengung, allen Schmerz dieses langen Tages von uns ab.

Wir gehen nicht auf den Gipfel. Es ist zu spät. Wir sehen die Biwakschachtel, von der wir gelesen haben, sehen Licht darin, hören Stimmen. Niemand außer uns ist von der Nordseite gekommen. Die Südseite ist einfach, ein Klettersteig. Biwakschachteln sind Notunterkünfte, keine Hütten. Ich habe eine Stinkwut über die Leute da drin, die uns, die wir es nötig hätten, die Unterkunft wegnehmen. Die sich zum Spaß hier eingenistet haben, sich keine Gedanken darum gemacht haben, dass dies keine Hütte für Wanderer, sondern eine Notunterkunft für ausgezehrte Kletterer ist. Ich will keinen Kontakt mit diesen Menschen und mit der von ihnen entweihten Hütte haben. Es ist auch die heilige Stille, die sie zerstören. Obwohl es schon dunkel wird, der Abstieg weit ist, wollen wir hier nicht bleiben. Bis wir keine Hand mehr vor Augen sehen gehen wir. Bald wird es zu riskant, zu steil. Es ist Gunters erstes Biwak. Die Kälte spüre ich kaum. Der vergangene Tag ist wie ein Feuer in mir.

5

Alle haben inzwischen Kinder: Gunter, Nils, Schorsch, Willy. Ich zähle die Biwaknächte, Väter ihre Kinder. Jedoch spüre ich schon die Bereitschaft schwinden, meine Nächte schlaflos und schlotternd in einer Nylontüte zu verbringen. Ich sollte zum

Frauenarzt gehen und untersuchen lassen, ob ich schwanger bin.
Ich kann mich inzwischen zu den erfahrenen Biwakern zählen. Wenn ich andere davon erzählen höre, wie sie hier und da biwakiert hätten, so richtig mit Schlafsack und so, verziehen sich meine Mundwinkel zu einem Grinsen: "so richtig mit Schlafsack und so". Wenn dann die Zuhörer mit leuchtenden Augen sagen "Das würde ich auch mal gerne tun, draußen biwakieren!" hoffe ich, dass ich nie mit solchen Menschen unterwegs sein muss. Diese falsche Biwakromantik ist mir ein Graus. Kein Schlafsack: kein Schlaf. Durst, Hunger, Kälte - das ist die Realität. Geht ihr nur mit euren sonnigen Vorstellungen auf Biwaksuche, aber ohne mich. Ich habe genug gefroren, habe genug Nächte unter Steinschlag verbracht. Ein Biwak ist kein Spaß, ein Biwak ist eine Not.
Die Watzmann-Ostwand ist hoch. Noch fünf Jahre gebe ich mir für hohe Wände. Keine Frage, dass ich mitgehen würde. Es war nicht meine Idee, dafür das Weißwurstfrühstück. Die Fahrt über den Königssee habe ich in guter Erinnerung. Als der Fährmann die Motoren stoppte und in sein Horn blies, wusste ich, wo ich einmal heiraten würde. Selten hatte ich eine Bergtour so unbeschwert genießen können wie diese zu diesem Zeitpunkt. Ich war ja nur mitgegangen. Weder war es meine Idee gewesen, noch stand ich hier in gegenseitiger Verantwortung mit einem Seilgefährten unter Druck. Drei Männer wollten den Kederbacher Weg machen, ich war der vierte. Im Ostwand-Haus war es ungewöhnlich leer. Außer uns nur eine kleine Gruppe. Außer uns niemand am nächsten Tag in der Ostwand. Der Himmel war grau. Wir verfehlten den Einstieg. Das kostete eine Stunde. Wir verstiegen uns kein weiteres Mal. Allerdings mussten wir bei einsetzendem Regen feststellen, dass wir noch nicht so hoch

waren, wie wir vermutet hatten. Der Regen wurde stärker. Das Kasereck, das wir schon passiert zu haben glaubten, war plötzlich vor uns: eine ausgesetzte Querung; der Weiterweg dahinter nicht eindeutig. Das abschüssige Geröllfeld sah wenig einladend aus. Das Kasereck war der Wendepunkt. Mit der Romantik, die ich mir als Mitläufer erlauben konnte, war es vorbei. Die Bergerfahrung der drei Männer endete am Kasereck. Ich spürte, wie ich zu ihrer Hoffnung wurde. Vom vierten Rad wurde ich zur Lenkung des Wagens, der führerlos in den Abgrund zu stürzen drohte. Willy war dem Zusammenbruch nahe. Nils und Schorsch ging es noch gut. Willys Zustand war besorgniserregend. Ohne vorige Anzeichen von Schwäche oder Angst ging auf einmal gar nichts mehr. Er wollte weder vor noch zurück, aber lieber noch vor. Er hatte große Angst vor dem Absteigen, und das mit Recht. An diesem Berg scheint es nur lockeres Gestein zu geben: locker das Gestein, auf dem man läuft, locker die Griffe, an denen man sich festhalten muss, wenn es keine Tritte gibt. Wir hatten bereits mehr als die Hälfte der Wand durchstiegen. Nun mussten wir auf nassem Untergrund alles wieder zurück. Der Regen würde nicht nachlassen. Ich führte Willy an der Hand, sprach ihm Mut zu, setzte seine Füße auf den nächsten Tritt: "jetzt rechts etwas tiefer. Weiter. Noch ein Stück. Gut." Nur sehr langsam kamen wir so vorwärts. Aber die Zeit war unwichtig. Es ging ums Leben. Ein falscher Schritt und es wäre aus gewesen.

Die Randkluft beim Übergang auf das zweite Schneefeld kostete mich literweise Angstschweiß. Vom Schneefeld auf den Felsen war es nur ein Sprung gewesen. Umgekehrt waren es fast drei Meter senkrechtes Eis, darunter ging es zwischen Felswand und Schneefeld steil ins Nirgendwo. Keine Eisschraube, kein vernünftiger Pickel, keine Sicherungsmöglichkeit. Lieber hätte

ich auf dem Königssee dem Echo gelauscht als meinem Puls an den Schläfen. Aber der Steuermann ist für seine Besatzung verantwortlich. Für ihn ist kein Platz im Rettungsboot.
Später gab es eine Meuterei. Im letzten Licht des Tages seilte ich durch eine der vielen Regenabflussrinnen der Watzmann-Ostwand ab. Das Wasser lief mir in den Kragen, über die Hose und in die Schuhe. Ich war nass bis auf die Knochen, aber nur noch fünfzig Meter vom letzten Schneefeld entfernt. Dieses Schneefeld mündet direkt in den Wald. Durch den Wald führt ein breiter Forstweg direkt zur Hütte. Hier stand ich, spürte die nasse Kälte kaum, da ich schon an die Hütte dachte. Gegen das Tosen des Wasserfalls schrie ich Willy, Schorsch und Nils zu, dass sie nachkommen sollten. Lange hörte ich keine Antwort; sehen konnte ich die drei auch nicht; es war schon zu dunkel. Die Wortfetzen, die ich dann vernahm, beglückten mich wenig: "Wir bleiben hier oben! Es ist zu dunkel für den Abstieg. Wir wollen lieber biwakieren." Dreißig Meter über mir standen drei Männer im Regen, die noch nie ein Biwak gemacht hatten, drei von der Sorte "das will ich auch mal tun: draußen biwakieren". Hier konnte ich nicht grinsen. Ich wusste, was ein Biwak schon im trockenen Zustand bedeutet; und mir tropfte das Wasser aus den Kleidern. Der Wasserfall war laut genug, um all meine Verwünschungen und Flüche für die Meuterer über mir zu verschlucken, als ich mich ein zweites Mal in den Wasserfall stellen musste. Nur mäßig gesichert mühte ich mich ab, durch das Wasser wieder aufzusteigen. Ich ließ Willy, Schorsch und Nils nicht allein. Zwei Jahre früher wäre ich ohne sie zur Hütte abgestiegen.

6

Was kennzeichnet einen vernünftigen erwachsenen Menschen? Die Bereitschaft und die Fähigkeit, Verantwortung zu übernehmen, Verantwortung für das eigene Tun und für andere Menschen.

Was kennzeichnet einen vernünftigen erwachsenen Bergsteiger? Sich nicht in Situationen zu begeben, aus denen der Tod der wahrscheinlichste Ausweg ist.

Ich habe mich entschlossen, nicht mehr zu biwakieren. Ich werde keine Berge mehr besteigen, von denen ich nicht sicher am selben Tag wieder herunterkomme.

Deshalb packte ich auch den Biwaksack nicht ein, als es an die Südwand der Tofana di Rozes ging. Ich würde kein Biwak mehr machen, schon gleich gar nicht, wenn ich mit einer Frau unterwegs war. Ich hatte mit ihr bereits die Nordwestwand der Pordoispitze geklettert; mit Sicherheit keine kurze Route. 800 Meter hoch. Die Dimai/Eötvös an der Tofana war niedriger. Ich bin inzwischen gerne mit Frauen in den Bergen. Ich fühle mich dabei von der Last befreit, schwierige Routen klettern zu müssen. Gehe ich mit den alten Haudegen weg, wage ich es nicht, Schwierigkeiten unter fünf vorzuschlagen.

Die Dimai/Eötvös liegt im vierten Schwierigkeitsgrad. Der Ausgang aus dem großen Amphitheater ist im Führer sehr schlecht beschrieben. Ich suchte eine Stunde lang. Später als erhofft erreichten wir das zweiter Amphitheater. Und als ich uns aus den Schwierigkeiten heraus schon nahe dem Gipfel wähnte, standen wir auf kleinsplittrigem abschüssigem Untergrund, viele hundert Meter vom Gipfel entfernt.

Die Frau, die mir tapfer gefolgt war, nie Angst gezeigt hatte, im vollen Vertrauen auf mich und meine Fähigkeiten immer sicher nachgestiegen war, sie stand mir nahe. Als ich dieses Gelände nach vielen anstrengenden Stunden Kletterei sah, bekam ich Angst um sie. Hier konnte man nicht sichern, aber abstürzen. Ich ließ mir meine Angst nicht anmerken. Wohlwissend, dass es faktisch keinerlei Sicherheit bot, band ich das eine Ende eines kurzen Seilstückes an ihren Gurt, das andere an meinen. Stürzt einer, stürzen beide. Ich wollte ihrem Herzen Ruhe geben. Als wir auf dem Gipfel standen, die Sonne am Untergehen, brach ich das erste Mal in meinem Leben psychisch zusammen. Ich weinte, wie ich seit ich ein Säugling war niemals mehr geweint hatte, minutenlang. Es gab kein Halten, die Tränen brachen aus mir heraus. Den ganzen Tag hatte ich gekämpft, mich beherrscht, war mir die Verantwortung um diesen wichtigen Menschen bei jeder Seillänge, bei jedem schlechten Haken im Nacken gesessen. Nie hatte ich zeigen dürfen, dass ich Angst um ihr Leben hatte. Ich musste furchtlos sein, um ihr Kraft zu geben. Mich selbst hatte es alle Kraft gekostet. Wir hatten lebend den Gipfel erreicht, woran sie nie gezweifelt hatte. Mein ganzes Leben hatte ich mich kontrolliert. Nun gab es keine Kontrolle mehr. Etwas anderes war stärker. Diese Frau war kräftig; sie ließ sich nicht anstecken. Oder setzte sie noch immer ihre Hoffnung auf mich? Wir waren auf dem Gipfel angekommen, aber das Tal, Schlafsäcke, Essen und Trinken waren weit von uns entfernt. Es dauerte lange, bis ich mich wieder gefasst hatte. Wir waren die ersten, die in diesem Jahr auf dem Gipfel standen. Diese Erkenntnis und der viele Schnee, der hier noch lag, genügten, um mir bewusst zu machen, dass noch nichts vorbei war, dass die Hauptprobleme erst noch kommen würden. Ich fasste mich wieder, musste mich wieder fassen, meine Kraft und Sicherheit zurückbekommen, denn die Gefahr für das Leben der mir anvertrauten Frau war jetzt größer als den ganzen vergangen Tag über. Sie musste am Ende ihrer körperlichen Kräfte sein; unglaublich, was sie geleistet hatte. Und ich verlangte jetzt von ihr, so schnell wie möglich über einen vereisten Klettersteig abzusteigen. Ich sah die Nacht näher und näher rücken. Von einem gut ausgetretenen Weg, wie man ihn im Sommer hat, war im Schnee nichts zu sehen. Keine Spuren, von wem auch. Wenn das Stahlkabel aufhörte, suchte ich so schnell es ging, den besten Weiterweg zu finden. Ich musste demmir anvertrauen Menschen glauben machen, dass ich den Weg kenne. Die Taktik ging auf, bis der schmale Pfad, dem wir in östlicher Richtung folgten, von einem hartgefrorenen steilen Eisfeld unterbrochen wurde. Hier war endgültig Schluss. Meine Motivationsversuche, noch ein Stück weiter zu gehen, waren erfolglos. Sie spürte das Ende ihrer Konzentrationsfähigkeit und ihrer Kraft. Über dieses steile Eisfeld würde sie heute nicht mehr gehen. Das wenige Licht, das uns noch blieb, nutzten wir, um die trockenen Kehlen mit spärlichen Wassertropfen, die über die Felsen rannen, zu befeuchten, und unter einem kleinen Überhang, im Schutz eines Schneefeldes ein Nachtlager herzurichten. Was gab es gegen die Kälte? Die wenigen warmen Kleidungsstücke, die ich hatte, gab ich ab. Der Biwaksack lag im Auto. Die dünne Rettungsdecke, die ich in meinem Verbandsbeutel hatte, wickelte ich um uns. Das Seil und die Rucksäcke schützten vor der Kälte, die aus dem gefrorenen Gestein unter uns heraufzog. Wir sahen die Sterne. Sie wurden klarer je dunkler die Nacht wurde. Ich spürte, wie die mir liebe Frau zu Zittern begann. "Kann man in so einer Nacht sterben?" Bei dieser Frage zog sich mein Herz zusammen. "Nein, keine Angst, so kalt wird es nicht, wir wärmen uns ja gegenseitig." Ich musste lügen, ich durfte ihr nicht sagen, dass sie Recht hatte: hat man den Glauben an das eigene Überleben aufgegeben, ist der Tod nicht mehr weit. Ich musste lügen, aber ich durfte nicht weinen.

Ich werde diese Nacht nie vergessen. Ich spürte das Zittern neben mir, ich hörte ihre Zähne klappern. Sie stellte keine Fragen mehr. Mein Herz krümmte sich vor Schmerz. Nie wieder will ich so eine Nacht erleben müssen, nie wieder.
Es war die Nacht vor meinem Geburtstag. Muss man durch den Tod gehen, um ein neues Leben zu finden?

Hallo Hermann

Ich fahre zusammen. Ein Arm hat sich auf meine Schulter gelegt. "Servus, Kamerad!" Wer ist das? Ich sehe in ein wildes Gesicht. Die Lippen wenig geöffnet, ein schwaches Lächeln, das ich nicht einschätzen kann. Ich spüre den Arm auf mir als Last ohne Gewicht.

"Ich kenne das, Kamerad!"

Wer ist dieser Mensch, der so plötzlich da ist? Und wo bin ich selbst eben noch gewesen? Ich schaue nach oben. Da ist dieser bärtige Mann, eingefallene Wangen, die Augen weit in die Höhlen zurückgetreten. Darüber der Himmel. Ich liege auf dem Rücken. "Keine Angst, Kamerad!" Wenn ich mich bewege, spüre ich den Untergrund, auf dem ich liege, nachgeben. Es ist Schnee. Der klare Himmel, der helle Schnee. Ich weiß, es ist Winter. Ich liege im Schnee und schwitze. Mein Rücken ist heiß und flüssig. "Ich habe dich gesehen, Kamerad. Ich war da, ehe du rufen konntest. Aber du hast nicht gerufen. Ich sah deinen Flug, wie Flügel waren deine Arme. Ich dachte an Generl. Hast du ein Mädchen?" Ich möchte mir die Ohren zupressen und kann doch meine Arme nicht bewegen. Vergeblich versuche ich an diesem Gesicht vorbeizusehen. "Was suchst du?" Ich antworte nicht. Meine Seele weiß, dass ich in dem Moment, in dem ich dieser Stimme eine Antwort gebe, das, was ich suche, nie mehr finden werde. Mit dem ersten Wort, das aus meinem Mund an dieses Gesicht gerichtet dringt, werde ich vergessen haben, dass ich etwas suchte. Ich kämpfe gegen die Macht, die hinter dieser Stimme steckt mit schwachen Waffen. Meine Arme haben ihre Kraft verloren. Meine schnellen Beine liegen

gefühllos ohne Wert im Schnee. Wie soll ich mich noch wehren? Schreie ich um Hilfe, dann bin ich besiegt. "Spürst du deine Wunden, Kamerad? Du bist zu weich für diese Felsen. Leide nicht und hoffe nicht! Ich spreche zu dir. Glaube doch!" Ich will nicht hören und muss weinen. "Nicht mehr lange, Kamerad. Ich kann dir helfen, die Tränen zu trocknen."
Das Gesicht verschwindet für einen Augenblick vor meinen Augen. Es ist mein letzter schwacher Kampf. Trübe von Wasser und Salz schaue ich suchend durch den Himmel, ziellos. Schon habe ich vergessen, wonach ich suche. Der Himmel ist ein großes Meer, darinnen eine Insel schwebt. Und auf der Insel steht ein Mensch. Er winkt. Er reisst die Arme in die Luft.
"Gunter!"
Dann wird es Nacht. Das Licht des Tages, ich weiß, es gibt es noch, auch jetzt. Doch dunkel verdeckt mit Macht die Stimme vor meinem Blick dahin. "Kamerad, bald siehst du besser!" Nach meinen Augen suchen seine. "Du wirst ihn schnell vergessen. Er kann dir keine Hilfe sein. Du siehst, er steht dort oben ohne dich und lebt. Und du hier unten liegst bei mir. Wozu sollte er dich suchen? Ein tiefer Abgrund trennt euch nun. Und dir zum Trost: du wirst noch dann in seinem Herzen sein, wenn er dir längst vergessen ist. Schmerz und Trauer kenn' ich nicht. Es ist an dir. Schau' nur hinauf. Schon ist er weg. Nur noch sein Schatten streift dich leicht. Und schwächer wird der Blutstrom, der aus deinem Rücken quillt."
"Gunter!"
Mit letzter Kraft hauche ich den Namen des verschwund'nen Freundes in den Mund, der über meinen Augen steht.
"Nein, Kamerad, ich glaube nicht, dass dorthin eine Brücke führt. Eingestürzt ist sie, und mit ihr in die Tiefe du wie damals ich. So will ich es dir leichter machen, das letzte zu tun vor dem

endlosen Ende. Du brauchst keine Kraft, sie ist ohnehin schon aus dir gewichen. Deine Seele kennt meinen Namen. Kamerad, ich reich' dir die Hand!"

Anmerkung: Hermann Buhls Leiche ist nie gefunden worden. Das letzte, was von ihm gesehen wurde, ist eine Spur im Schnee, die ins tiefe Nichts eines Abgrunds führte. Das war am 27. Juni 1957 am Chogolisa (Karakorum).

Sounds of Silence

Eintönig, rhythmisch - mein Leben ein akustischer Reiz. Immer auf selber Höhe, ein einziger Ton. Unterbrochen von toter Stille. Ohne Stille kein Leben. Im Wechsel Ton und Stille, Tod und Leben. Derselbe Rhythmus, derselbe Ton, dieselbe Pause. Ton auf Pause, Pause auf Ton. So eintönig und doch so kräftig, nicht aus dem Takt zu bringen, Schlag auf Schlag, ununterbrochen. Pulsierend zwischen Aktivität und Passivität, hell und dunkel, laut und lautlos. Wie mein Leben. Ich höre mein Leben im Auf und Ab. Freude und Leid. Den Takt gibt das Herz. Lachen, dann weinen, tanzen, dann schlafen, singen, dann schweigen. Ich lebe nicht aus der ununterbrochenen Konstanz, sondern aus dem ununterbrochenen Bruch, aus dem konstanten Wechsel zwischen Sein und Nicht-Sein, Lebensfreude und Todessehnsucht. Dies alles höre ich in diesem einen Ton, der viele ist, in seinem Sein und seinem Nicht-Sein. Sein Ende in der Tonlosigkeit macht ihn zu einem Neuen, wenn er wieder auflebt. Immer derselbe und doch immer ein neuer Ton. Immer derselbe Wechsel von Tag und Nacht und doch immer ein neuer Tag, eine neue Nacht. Ich steige hoch und höher, dem Licht, der Wärme und Helligkeit näher und näher, dann stürze ich schneller, viel schneller als ich gen Himmel gestrebt bin, hinab in Kälte und Dunkelheit. Ein Freund stirbt, ein junges kräftiges Herz verstummt, der letzte Ton wird zum einzigen, pausenlos, ununterbrochen, lauter und lauter, nicht hörbar, spürbar. Keine Unterbrechung, kein Wechsel mehr, endlos der tote Ton über dem leblosen Schweigen. Die roten Rosen am Grab, ihre Blütenblätter schweben hinab, die Farben, das Rot, das Grün ver-

bleichen und werden sich gleich. Doch mein Herz pulsiert weiter, laut schlägt es in die Trauerstille und treibt mich weiter.
Ich hatte immer geglaubt, als Bergsteiger ein intensives Leben zu führen. Aber das war nur geglaubt. Es war nicht gefühlt und nicht gewusst. Auf Anfrage dahergeplappert. Extremsportler führen ein intensives Leben! Sie stellen sich durch ihr Tun gegen die moderne Gesellschaft. Kein Wunder also, dass in nicht-modernen Gesellschaften nicht auf Berge gestiegen wird. Wozu sollten diese Menschen auch auf Berge steigen, sich in lebensbedrohliche Situationen begeben. Ihr Instinkt hat keinerlei Veranlassung dazu. Sie sind dem natürlichen Leben noch so nah, dass der Instinkt das Leben, für das er geschaffen wurde, noch spürt. Spürt dieser Instinkt das Leben nicht mehr, muss er es suchen. Die kulturellen Errungenschaften, die wir uns in den letzten Jahrhunderten erarbeitet und erkämpft haben, sollten das Leben einfacher und angenehmer machen. Sie haben es lebensloser gemacht. Das Leben ist wenig. Kein Wasser für ein paar Tage und es ist aus. Je länger man ohne Lebensgefahr etwas entbehren kann, desto weiter ist es vom Leben entfernt, desto trennender vom Leben ist in seinem Vorhandensein seine Wirkung. Wenn wir sagen, dass wir durch dieses oder jenes Gut erst richtig leben, so meinen wir damit nicht leben, sondern genießen. Ohne Wein, ohne Bücher, ohne Musik wäre mein Leben um Vieles ärmer! Nein, der Genuss wäre geringer, nicht das Leben. Wein, Bücher, Musik trennen vom Leben. Leben ist kulturlos; es ist nicht-sterben; es ist essen, trinken, atmen. Der Instinkt, der vom vielen Wein das Trinken nicht mehr schmeckt, in der lauten Musik den leisen Atem nicht mehr hört, der spürt kein Leben mehr. Der Vorwurf der Irrationalität, der die Bergsteiger trifft, ist richtig formuliert. Es ist die Irrationalität des natürlichen Instinkts gegen die Rationalität der

modernen Gesellschaft voller Kultur und Genuss. Es müssten nicht die Berge sein, aber es sind fast nur noch die Berge übriggeblieben. Die lebenslose Moderne hat sich weit ausgebreitet. Nur im kargen Gebirge können Kultur und Genuss nicht gedeihen. Nicht in der Wüste, nicht in Höhlen, nicht im tiefen Wasser und in der hohen Luft. Dorthin zieht es den um sein Leben gebrachten Instinkt.

Ich höre diesen Ton, der mit sagt, dass ich lebe. Das Herz spricht eine kräftige Sprache. Jede noch so kleine Zelle meines Körpers erreicht es mit seiner Botschaft: Lebe! Alles in mir pulsiert im Takt meines Herzens. Mit der Stärke eines schweren Hammers schlägt es seine Kraft in meinen Kopf. Nie zuvor ist mir so klar gewesen, dass ich lebe; nie zuvor habe ich gespürt, dass mein Leben an diesem einzigen Ton hängt. Alles was ich war, bin und sein werde steckt in diesem einfachen kurzen Ton. Alle Gedanken, alles Erlebte, alle Hoffnung werden bestimmt von dieser primitiven Frequenz. Das Große, Bedeutungsvolle des Menschseins, das Universum des Geistes, der genial geschaffene Leib - nur ein akustisches Signal. Dieses Signal ist Herrscher über alles, über mein Leben, über meine Zeit. Es zählt meine Sekunden. Zählt es nicht mehr, bin ich ausgelöscht. Das Ende des Signals: das Ende meines Lebens. Die Gesamtheit meiner Existenz aufgehoben und repräsentiert in diesem einen Ton. Das Viele, Mannigfache und Komplexe meines Lebens, reduziert auf ein eintöniges einfaches akustisches Signal, lässt mich die Zerbrechlichkeit meines Daseins spüren wie ich es niemals zuvor gespürt habe. Ich bin so einfach auszulöschen wie ein Licht. Beendigung der Energiezufuhr für das optische wie das akustische Signal: Verlöschen des Lichtes, Verstummen des Tons, Dunkelheit und Stille, Tod.

Lange steigt man durch die Berge, mit jedem sicher erreichten

Gipfel reicher an erfahrener Unverwundbarkeit. Die Rückkehr ins Tal bestätigt die Überwindung des Größeren und Mächtigeren. Wer Goliath besiegt hat, wird zum Heroen, zum gottnahen Übermenschen. Für ihn hat der Tod seinen Schrecken verloren. Nach dem neunundneunzigsten lebensgefährlichen Gipfel wird ein Bergsteiger unsterblich, beim hundersten stirbt er. Die Überwindung des vermeintlich nahen Todes am Berg wird interpretiert als Triumph über den Tod schlechthin. Doch wenig ist lebensbedrohlicher, als sich dieser Täuschung hinzugeben. Die durch die Überwindung gewonnene Stärke ist Blendwerk. Niemals kann der Tod von Menschen überwunden werden. Allzu gedankenlos überträgt der Bergsteiger den archaischen Helden-Mythos auf sich: die Reise in die Unterwelt, die Todesgefahr gesund und glücklich überstanden, gestärkt und unsterblich in die Welt zurückgekehrt. Überwunden ist nur die Angst vor dem Tod, nicht der Tod selbst. Doch diese Angst überwunden zu haben, ist nichts Gutes. Sie ist die Verbündete des Lebens, einzige Warnerin vor dem Ende. Ohne diese Angst steht der Bergsteiger schutzlos vor dem Tod, wenn er kommt. Auf dem neunundneunzigsten Gipfel meint der Bergsteiger unsterblich geworden zu sein, weil er die Angst vor dem Tod verloren hat; auf dem hundersten Gipfel holt ihn der Tod, weil er keine Angst mehr vor dem Tod hat, keine Angst, die zwischen ihm und dem Tod steht und ihn schützt. Die Angst hat den Tod abgewendet, als sie noch da war; ohne sie hat der Tod ein leichtes Spiel.

Mein Herz schlägt nicht mehr. Die natürliche Quelle, der warme Rhythmus sind verstummt Nur noch ein eintöniger endloser künstlicher Laut. Ich höre, was ich nicht hören kann. Ich höre meinen eigenen Tod. Die Elektroden auf meinem Körper empfangen kein Signal mehr von meinem Herzen. Aus den Bergen und Tälern auf dem Bildschirm ist eine flache Linie geworden. Keine Veränderung in dem, was ich sehe, höre, spüre. Alles verharrt im Moment meines Todes. Hinter dem Sichtschutz wird weiter an meiner Hand geschnitten, Schwestern verlassen und betreten den Raum, Stimmen schwirren durch die Luft. Aber ich höre die Stimmen nicht. Ich höre nur den einen Ton, den ich nicht hören kann, da ich tot bin. Ich bin tot und sehe, was ich nicht sehen kann: was um mich geschieht, die leblose Linie auf dem Schirm. Ich warte auf eine Entscheidung, auf die Scheidung von Realität und Illusion. Was ist an diesem unmöglichen Zustand wahr, was träume ich? Ich denke, dass ich auf etwas warte! Für mich gibt es jedoch kein Warten mehr, so wie es für meine Wahrnehmung auch keine Veränderung mehr geben wird. Niemand im Operationssaal wird etwas anderes tun als er im Moment meines Sterbens getan hat. In meinem jetzigen Zustand gibt es nichts Neues mehr. Alles wird bleiben wie der Ton aus dem Lautsprecher und die Linie auf dem Schirm. Es wird kein Abschalten des Tones, kein Ende der Linie geben. Sicher, es wird beides geben, aber ich werde es nicht erleben. Ich bin in der unendlichen Unveränderlichkeit angelangt, in der unsterblichen Unsterblichkeit.

Kein Schmerz, nur ein Schrei, den niemand hört. Neunundneunzig Berge habe ich bestiegen. Den Gipfel des hundertsten hatte ich gesehen, als die Illusion der Unverwundbarkeit zerriss. Mein Blut für die Schuld von Babel. Zertrümmert der verblendete Heros. Ein kleiner Stein wie der einfache Ton - Herrscher über Leben und Tod. Der Elefant von der Ameise zerquetscht. Lächerlich die aufgeplatzte Hand, eine kleine Wunde im großen Leib. Doch gänzlich zerplatzt ist der alte Geist. Ein Wurf, ein Treffer. Die weißen Knochen, das rote Fleisch, ich sehe es nicht. Mein Leib ist verwundet, ich selbst, der nichts spürte: geheilt. Die zurückbleibende Narbe, eine gerade Linie, erinnert und mahnt. Indem sie aus meiner Hand ins Unendliche zeigt, weist sie auf mein Ende. Die Wurzel der Verwundung war die Illusion der nie versiegenden Kraft, der Macht über das Leben und des Sieges über den Tod.

Fleischgeworden in der Narbe sind die falschen Illusionen gebannt.

Begegnungen

Die Erkenntnis, dass Berge unsichtbar sein können, dass sie ebenso schnell auftauchen wie verschwinden können, dass es Gipfel auch im Tal gibt und dass auf den höchsten Bergen die tiefsten Täler lauern, macht aus dem Bergsteigen ein denkendes Bergsteigen, erhellt das Einzigartige, das in diesem körperlichen, geistigen und symbolischen Tun steckt, und weiß dieses Einzigartige vor seinem Tode zu bewahren.

An einem Ort, an dem es keine Menschen gibt, da hörte ich eine Stimme. Mein Mund war verschlossen wie der Zugang zur Welt. Wo ich war, sah ich nicht, nur mich; und auch ich verschwamm vor mir selbst. Je höher ich gekommen war, desto blinder war ich geworden. Die Gegenstände um mich hatten sich vor meinen Augen aufgelöst. Zuerst waren ihre Farben verschwunden. Die kräftigeren gingen früh. Sie nahmen mit sich die Wärme. Wenige Farben blieben. Weiter schritt ich. Immer bergauf, höher und höher. Als sich die letzten verbliebenen Farben zurückzogen, wurde aus kalter Eintönigkeit eisige Farblosigkeit. Lange versuchten die entfärbten Gegenstände den Verlust durch scharfe Konturen auszugleichen. Doch ihr Bemühen war vergeblich. Das Ende kam sanft: Die scharfen Linien quollen auf, die Konturen wurden verwischt, vermischten sich mit dem Konturlosen. Mit der Auflösung der Dinge im Nichts, verlor das Nichts seine Unsichtbarkeit, wurde es schwer und undurchsichtig.

Auf unsichtbaren Wegen war ich gegangen, stundenlang. Tief in den Farben war in der Ferne ein Reiter über den Horizont gezogen. Wie ein Himmelsgestirn war er auf- und wieder untergegangen. So fern er mir war, vergaß ich ihn schnell. Ich schritt dahin, als in der Bewegung mir plötzlich Arme und Beine wie zu Eise erstarrten. Es war der Reiter. Ich wagte nicht, ihm in die Augen zu sehen. Zu schwer lastete schon sein ungesehener Blick auf meinem Herzen. Ich spürte seine stille Macht über Leben und Tod. Als er mich freigab, sah ich sein raues Gesicht. Wie die Erde, über die ihn sein Ross trug, war es tief zerfurcht, an manchen Stellen aufgerissen. Schwere Wunden waren hässlich vernarbt. Von Frost geweißte Flecken im Braun der von der Sonne verbrannten Haut. Als unsere Blicke sich trafen, sah er in seinen schwarzen Augen meine Zukunft.

Dann zuckte sein Bein, und Pferd und Reiter waren meinen Blicken entschwunden.

Ohne einen Menschen, ohne ein Tier zu sehen, war ich durch Wälder gezogen, über Wiesen, die seit Anbeginn der Welt keinen Schnitter gesehen hatten. Ich hatte Bäche durchschritten, deren Quelle und Mündung von Menschenhand unberührt waren. Allein und stark hatte ich meinen Weg begonnen, allein und schwach setzte ich ihn nach der Begegnung fort.

Der Berg war gewachsen. Als kleines Ziel hatte ich ihn gesehen. Nun war er groß geworden. Groß und hart. Scharfkantig, ehe er sich vor mir verbarg. Noch ließ er sich mit Händen greifen. Das Gesicht des unheimlichen Reiters erschien und verschwand. Tiefe Furchen, Grate, Linien, die endeten, Täler, die in andere Täler führten. Der einzige Weg, der hinaufführte, endete im Nichts. Zuerst löste sich der Berg unter meinen Füßen auf, dann unter meinen Händen. Als ich stürzte, stand ich auf dem Gipfel.

Es war ein hoher Berg in den Anden, der mich über den Unterschied zwischen frieren und erfrieren belehrte. Gefroren hatte ich schon oft. Ich hatte gelernt, dass man Kälte sehr lange ertragen kann, ohne dabei zu sterben. Bis ich an diesen Punkt gelangt war, hatte es viele Jahre gedauert, hatten meine Zähne viele Nächte durchgeklappert. Ich wusste, wie viel ich erleiden kann, ich wusste um meine Reserven, die ich aber niemals antastete. Denn nach den Reserven kommt das Ende. Ich spürte, wenn mein Finger und Zehen, meine Ohren oder meine Nase gefährlich kalt wurden. Ich hatte genug unangenehme Erfahrungen in den Alpen gesammelt, genug um zu wissen, dass ich dort nicht erfrieren würde.

Die Nacht vor dem Gipfelgang war kalt. Wie kalt wusste keiner von uns. Die trockene Luft täuscht eine Wärme vor, die es nicht gibt. Die vergleichsweise hohe Luftfeuchtigkeit in Europa lässt die Kälte auf der Haut schmerzhaft werden, bevor sie gefährlich wird. In der trockenen Luft der hohen Andenberge ist es umgekehrt: Die Luft fühlt sich noch warm an, wenn die Zehen bereits erfroren sind.

Schlaflos von der warmen Decke in die kalte dunkle Geburtsstunde des Tages zu müssen, beantwortet der Körper mit Zittern. Das vergeht, wenn die Muskeln das Blut wieder auf Betttemperatur gebracht, wenn die Beine ihren Arbeitsrhythmus gefunden haben und den schweren Körper aufwärts tragen. Fünfzehn Minuten torkelt und stolpert man im Halbschlaf über den dunklen Gletscher. Eine lange Schlange schwankender Lichter kriecht den Berg hinauf. Jeder träumt noch seinen eigenen Traum. Auf nichts muss man achten, als auf den Vordermann; nur in dessen Tritte die eigenen Schuhe stellen. Links, rechts, links, rechts. Dem einen folgt in der schmalen Spur ein anderer, der dasselbe tut. Ein jeder ist nur ein Glied in der langen Kette, die bergauf zieht, nichts denkend als 'links, rechts, links, rechts'. Nach zwanzig Minuten ist mir nicht wärmer geworden. Ich zittere stärker als bei unserem Aufbruch. Ich denke nicht darüber nach, setze einen Fuß vor den anderen. Zur Kälte der Nacht und zur Kälte des Gletschers gesellt sich zunehmend die Kälte der Höhe. Sie mischt sich mehr und mehr unter die warme Luft, die ich aus den Lungen blase und die ich wieder einsauge. Meinen Rachen hat die Kälte aus Gletscher, Nacht und Höhe schon passiert; mit jedem Atemzug ziehe ich sie tiefer hinab in meinen Körper, dem Herzen näher und näher. Ich weiß nichts von der Kälte, die tötet, ehe sie schmerzen kann. 'Es dauert heute länger, bis mir warm wird', denke ich. Drei Stunden denke ich so. Das Zittern, das bei meinen Zähnen begonnen hat, schüttelt inzwischen meinen ganzen Körper. Ich habe nichts mehr, das ich anziehen kann. Jeder kurze Spurt bergauf lässt mich keuchen, aber nicht weniger frieren. Langsam beginne ich mit Grausen zu erkennen, dass es keine Möglichkeit gibt, meinem Körper die Wärme zu geben, die er zum Überleben braucht. Es sind nicht die Finger oder die Zehen, auch nicht die Nase oder die Ohren, die in Gefahr stehen. Um sie muss ich nicht bangen. Die Kälte hat sich nicht an den Stellen festgesetzt, die am weitesten vom warmen Zentrum entfernt oder am wenigsten geschützt sind. Sie hat nicht von außen angegriffen, sondern von innen, über mein Lebens- und Wärmezentrum. Die Kälte hat es nicht auf Teile meines Körpers abgesehen; sie will alles; sie will mein Leben. Heimtückisch hat sie sich durch meine Nase und meinen Mund dem Schutzlosesten und Empfindlichsten genähert. Weit ist sie schon in mich eingedrungen. Schon spüre ich die Kälte nach meinem Herzen greifen. Und meine Freunde steigen weiter, Schritt für Schritt. Ohne Anstrengung folgen meine Beine, während ich spüre, dass ich erfriere. Ich fühle, wie meine Füße kraftvoll in den Gletscher treten, voller Lebenssaft und Tatendrang, doch blind für ihr Herz, das sie am Leben hält, nach dem der kalte Tod schon haucht. Im Höhenrausch verschließe ich die Ohren vor meinem angstvoll schneller pochenden, bald rasenden Herzen. 'Treib nur die Beine an! Lass sie dampfen und schwitzen! Treib sie hinauf auf den Gipfel!' ruf ich ihm zu. Im Irrglauben an die Kraft meines Körpers kehre ich mich von meinem eigenen Herzen ab.

Da zieht der größte Verbündete der Kälte herauf, holt aus zum entscheidenden Schlag gegen mich. Ich dachte ihn zu kennen, den Wind, aber ich kannte ihn nicht. Er war nicht schnell. Er war nicht laut. Auch kräftig war er nicht. Er kämpfte mit Waffen, die ich nicht kannte. Mich umzuwerfen wäre ihm leicht gewesen. Mir schaurig um den Kopf zu heulen - auch das hätte ich verkraftet. Aber die Taktik, mit der er gegen mich anging, ließ mich zu Eis erstarren. Anstatt mit Wucht an meiner Kleidung abzuprallen, drückt er sich sanft gegen mich; nicht um mich am Vorwärtskommen zu hindern - er weiß, dass er mir so keinen Schaden zufügen kann; ich muss mich nur ducken oder langsamer gehen. Er presst sich gegen meine Kleidung, schmiegt sich an das Gewebe, gleitet im Auf und Ab über die verwobenen Fäden und macht so den Stoff geschmeidig. Dann reißt er plötzlich an den Maschen, dass sie sich um Zehntel Millimeter dehnen. Eine unsichtbare Öffnung, ein Nichts. Doch dieses Nichts ist der Sieg des Windes. Nun kommt er mit seiner Hauptstoßkraft heraufgezogen. Der Wind, der mir um den Körper gestrichen war, ist nur die Vorhut gewesen. Seine Aufgabe war es, Einfallstore für die gewaltige Streitmacht zu schaffen, die nun vereint mit der eisigsten Kälte, die auf dem anbrausenden Sturm reitet, auf mein ungeschütztes Fleisch einschlägt. Zwischen diesem Ansturm und meinem Ende bleibt nur ein Augenblick. Jedes Luftmolekül, das der Wind mit sich trägt, schießt wie eine gefrorene Speerspitze aus Eisen mit der

Geschwindigkeit einer Gewehrkugel in meine Haut. Millionen von Eisspitzen hacken auf mich ein. Schneller als ich den nächsten Schritt tun kann, bohrt sich Eis durch Haut und Fleisch, lässt das Bein in der Bewegung erstarren. Die eben noch kraftvollen Muskeln versagen den Dienst. Das warme Blut aus den Beinen, die letzte Wärme, die das Herz noch am Leben erhält, erkaltet. Kommt nun das Ende? Von allen Seiten, von innen und außen greift der eisige Tod nach meinem Herzen. Die Aussichtslosigkeit spürend pumpt es mit letzter Kraft einen einzigen Gedanken in meinen Kopf. 'Anhalten. Ich muss auf der Stelle stehen bleiben.' Wenn ich nur einen Schritt weitergehe, wird das mein letzter Schritt gewesen sein. Nach diesem letzten Schritt werde ich zusammensacken. Reglos werde ich auf dem Gletscher liegen, die Augen weit in die Nacht geöffnet. Meine Haare und meine Wange kleben schon am Eis. Der Wind, der mich zu Fall gebracht hat, streicht nun sanft über den Boden, greift sich Kristalle und huscht mit ihnen als weiße Bänder über die Berghänge. Ich schaue nach Osten, wo ich den Aufgang der Sonne nie mehr sehen werde. Zu schwach, meine Augenlieder zu schließen, schneiden die scharfen Kristalle in meine Augen. Meine Tränen vereisen den letzten Blick in die Nacht.
Nein, so darf es nicht kommen!
Die Freunde, die nichts von alledem bemerkt haben, lassen mich auf meinen Wunsch zurück. "Geht ihr weiter hinauf. Macht euch keine Sorgen um mich! Wenn ihr wieder an diese Stelle kommt, werde ich noch immer da sein. Hier ist Schluss für mich. Ich darf nicht weiter." Auf einem kleinen Plateau, das in einer Vertiefung gelegen Schutz vor dem Wind bietet, krieche ich in den Biwaksack. Die Freunde sehe ich nicht mehr. Zusammengekauert, den Kopf auf den Schenkeln, bin ich ganz und gar von dieser dünnen Lebenshülle umschlossen. Der kalte

Wind von außen kann mir nichts mehr anhaben. Die Kälte, die in meinem Körper steckt, bekommt keinen Nachschub mehr. Jede noch so kleine Öffnung im Biwaksack habe ich verschlossen. Mit jedem Atemzug treibe ich die Kälte weiter von meinem Herzen weg. Zwischen jedem Ein- und Ausatmen steigt die Temperatur meiner Atemluft ein wenig. In dieser geschlossenen Hülle gibt es keinen Austausch zwischen außen und innen. Bald atme ich nur noch meinen eigenen warmen Atem. Die Kälte ist besiegt. Eine halbe Stunde noch schüttelt es meinen Körper bis er spürt, dass der Tod abgewendet ist. Um wieder Sauerstoff zu bekommen, schiebe ich meine Nase und meine Augen aus der Hülle. Die kalte Luft kann mir nichts mehr anhaben. Durch meinen Körper pulsiert wieder warmes Blut. Am Horizont reißt ein heller Streifen die Nacht auf. Nun weiß ich, dass die Macht der Kälte gebrochen ist. In tiefen Zügen sauge ich die vom ersten Tageslicht belebte Luft in meine Lungen. Einmal noch ziehe ich den Kopf zurück an meinen Körper, sammle alle Wärme in mir, konzentriere sie auf Herz und Kopf. Von dort überflutet sie die Haut, Hände, Beine und Füße. Dann schaue ich nach den langen spitzen Strahlen, die die Sonne hinter der schrägen Linie des steilen Bergkegels vorausschickt. Eine nach dieser Nacht unglaubliche Energie fließt durch jede Pore meines Leibes. Als die Sonne selbst sich hinter dem Berg hervorschiebt, tauen die letzten Tränen in meinen Augen. Ich steige aus der Hülle, die mir das Leben gerettet hat. Nichts hält mich mehr an diesem Ort. Meine Beine sind kaum zu bremsen. Als ob es gilt, den Weltrekord im 100 Meter-Lauf zu brechen, rennen sie die steilen Stufen im Eis hinauf. An den Männern, die sich keuchend und mit letzter Kraft auf diesen viele Tausend Meter hohen Berg hinauf schleppen, springe ich vorbei, als ob ich in dieser Höhe geboren wäre. Ohne außer Atem zu kommen treiben mein Herz und meine Beine sich gegenseitig an. Das gewonnene Leben kann nicht stillstehen. Es kann nicht anders, es muss sich selbst spüren. Die Freunde treffe ich auf dem Gipfel. Keine zehn Minuten vor mir haben sie ihn erreicht. Mit ihrer ganzen Kraft scheint die Sonne auf uns herab. Sie schenkt meinem neuen Leben Wärme.

Als ich wieder hinabstieg, erschuf sich eine neue Welt vor meinen Augen. Ich schaute nicht zurück. Das Nichts war vergangen. Aus dem Niederschlag des Nichts entstanden Linien, zunächst noch formlos, verschwommen. Ich stieg tiefer und die Linien wurden klar, wurden zu Gegenständen. Dann kamen die Farben zurück. Die Gegenstände begannen sich zu bewegen. Ein grünes Meer wogte auf und ab. Überall brach Wärme aus der Erde hervor. Da stand auf einmal der Reiter vor mir, bewegungslos, sein Pferd ruhig und mit erhobenem Kopf. Das Gesicht des Reiters von Narben und Falten zerfurcht. Sein Mund öffnete sich langsam. Der Satz, den er sprach war ein Lächeln, mit dem er entschwand.

Die vorletzte Tortur

Die Wunde schließt sich sofort. Ungesehen, unsichtbar wie der Schnitt. Viele Schnitte sind es. Hundert Tausende, Millionen. Mit scharfen Messern in hoher Geschwindigkeit präzise geschnitten. Aber was kümmert es! Wo kein Blut zu sehen ist, da gibt es auch keine Verletzung! Also weiter schneiden, viel und schnell! Und dient es nicht einem guten Zweck? Hilft es nicht dem Sichtbaren? Also schneiden, zerstückeln, zerhacken, wo es unsichtbar bleibt, damit ein Schneiden, Zerstückeln, Zerhacken von Sichtbarem unterbleibt, oder zumindest gestoppt wird. Wenn der Hubschrauber aus dem Himmel hernieder fährt, trocknet das Blut, das eben noch über die Felsen rann. Wenn seine Rotorblätter die Luft zerhacken, ist vom Schreien des Zerplatzten nichts mehr zu hören. Wenn über dem Gestürzten die Erlösung kreist, hat der Hubschrauber das Opfer - sein Opfer - gefunden. Von Berg zu Berg, von Tal zu Tal fliegt er, sucht er, der Menschengeier, lärmend und stinkend.

Von der Aiguille Blanche de Peuterey zum Mont Blanc de Courmayeur, von Brouillard- zu Frêney-Gletscher und von Frêney- zu Brouillard-Gletscher, hin und her und her und hin. Hier stürzen Felsen, Eiskälber, Bergsteiger. Das eine auf das andere. Ein Krachen und Schreien hallt zwischen den hohen Granitwänden. Schläge ein Fels nicht neben mir ein, dumpf und mit schwefligem Abgang, sondern in mir, dann hätte ich Glück, denn dann würde der Hubschrauber mich retten. Auch wenn alles Rettungswürdige zermanscht wäre, würde er das, was ich war, von den Felsen schaben. Die Kausalität ist grausam: erst muss ein Unglück geschehen, dann wird gerettet. Umgekehrt:

wenn ich vom Hubschrauber gerettet werden will, muss ich zuerst verunglücken. Glücklicherweise kennt diese grausame Regel eine Ausnahme. Diese Ausnahme hat allerdings eine unsoziale und bergkameradschaftsfeindliche Komponente: Wenn nicht ich, sondern mein Partner verunglückt, dann darf auch ich als Unversehrter mit dem Hubschrauber fliegen. Allerdings auch nur dann, wenn ich durch den Abtransport meines verunglückten Partners allein zurückgelassen Gefahr liefe, selbst zu verunglücken. Es gibt demnach in der Regel zwei Möglichkeiten für einen Bergsteiger, mit dem Rettungshubschrauber fliegen zu dürfen: Möglichkeit eins: er ist selbst verunglückt. Möglichkeit zwei: sein Begleiter ist verunglückt.

Ein Flug ohne vorausgegangenes Unglück ist nicht vorgesehen. Wozu auch? Ich gehe in die Berge, um aus eigener Kraft auf sie hinauf und wieder von ihnen herunter zu steigen. Die Begeisterung für das Bergsteigen, die Sucht nach dem Gipfel resultiert aus den positiven Emotionen, die frei gesetzt werden, wenn ich das gesteckte Ziel, die Kletterroute, den Gipfel aus eigener Kraft, ohne Hilfe von außen, gemeistert habe. Jegliche Kraft von außen, jedes Hilfsmittel, das den eigenen Krafteinsatz verringert und das Erreichen des Zieles vereinfacht, verringert auch die positiven Emotionen. Der Hubschrauber ist ein solches Hilfsmittel. Er ist eine äußere Kraft. Nicht meine Beine tragen mich ins Tal, sondern der Hubschrauber.

Er ist das Eingeständnis in meine Schwäche. Schwäche aber widerspricht meinem Bergsteigerethos. Ich will nicht schwach sein, sondern stark! Ich will härter sein als Stein und Eis. Und bin ich es nicht, dann rede ich es mir ein. Ich rede es mir so lange ein, bis ich glaube, dass es wahr ist. Aber es ist eine Lüge. Alle sehen diese Lüge, nur ich nicht. Und dabei bestätige ich diese Lüge mit jedem Berg, den ich besteige. Habe ich einen

Berg bestiegen, dann wähne ich mich stärker als er: ich bin obenauf und er ist unter mir. Wenn ich auf dem Gipfel weiß, dass ich stark und hart bin, warum muss ich dann noch einen Gipfel besteigen? Ist im Tal meine Schwäche wieder offensichtlich, weil der Berg wieder über mir steht? Warum kann ich die Stärke nicht mit ins Tal nehmen? Bin ich in Wirklichkeit gar nicht stark, sondern schwach? Ja, ich bin schwach. Und weil ich schwach bin, muss ich auf Berge steigen. Die Berge machen es mir leicht, mich Schwachen stark erscheinen zu lassen. Ich bin schwach, weil ich Angst habe! Ich habe Angst, dass der nächste Stein, der aus der Höhe hernieder pfeift, nicht neben mir einschlägt. Ich habe Angst, dass das lose Gestein in meinen Händen und unter meinen Füße nachgibt und ich in die Tiefe stürze. Ich habe Angst, in dieser Wand eine Nacht verbringen zu müssen, ohne Schlafsack, ohne Decke, ohne Essen und Trinken. Ich habe Angst vor dem Frieren, vor dem Blick nach unten und vor dem Blick nach oben. Ich möchte von dem Hubschrauber, der zwischen Frêney- und Brouillardpfeilern hin und her fliegt, aus meiner Angst gerettet werden. Schon kreist er über mir. Bin ich es diesmal? Sind dies meine letzten Minuten, die letzten Augenblicke, in denen ich mich bewegen, die Luft in der Nase und die Sonne in den Augen spüren darf? Was wird von mir noch übrig sein, wenn mich der Hubschrauber zu sich in den Himmel zieht? Ach wenn er mich doch vor der Rettung retten könnte! Da dreht er ab. Für dieses Mal hat er ein anderes Opfer gefunden. Für mich geht die Tortur weiter, gefangen zwischen Angst und Absturz.

Lange war ich im Tal gewesen und schwächer und schwächer geworden. Hart waren nur noch die Haken, hart war nur noch der kurze Weg vom einen zum anderen Haken. Ich selbst war weich geworden. Jetzt war mein Partner aus Heißsporntagen wieder aufgetaucht. Die Jahre im Tal waren weggeblasen, das graue Haar, das aus dem Kopf mir quillt, sah ich nicht. Es wird wohl noch nicht genug sein! Plötzlich waren die Träume von damals wieder lebendig. Namen wie Eiger, Walker, Frêney wirkten wie Endorphinpumpen in meinem Körper. Aber etwas hatte sich doch verändert. Wir waren nicht mehr Sklaven dieser Namen. Früher war Eiger gleich Nordwand, und Grandes Jorasses gleich Walkerpfeiler. Jetzt gab es auch Alternativen. Wir waren uns nicht mehr zu gut für die einfacheren Varianten: Hirondellesgrat statt Walkerpfeiler, Innominata-Grat statt zentraler Frêney-Pfeiler. Warum die Wahl letztlich auf den Mont Blanc fiel, ist schwer zu sagen. Möglicherweise weil wir an dessen Südseite vor 10 Jahren gescheitert waren. Damals war der Plan, den gesamten Peuterey-Grat zu überklettern, eine Tour von zwei bis vier Tagen, schon vor der ersten Etappe, der Aiguille Noire de Peuterey, gescheitert. Nach zwei Biwaks in Folge und einer haarsträubenden Abseilerei waren wir wieder in mein Auto gestiegen und nach Hause gefahren. Diesmal stand zwischen dem Auto und uns der Mont Blanc. Das Auto war auf der Nordseite und wir waren auf der Südseite. Uns blieb eigentlich keine andere Wahl, als den Gipfel zu erreichen.. Dass wir uns für den Innominata-Grat und gegen den zentralen Freney-Pfeiler entschieden, hatte verschiedene Gründe. Alles gute und vernünftige Gründe, die es vor zehn Jahren für uns nicht gegeben hätte. Erstens: Im Frêney-Pfeiler würden drei Seilschaften vor uns klettern. Wir würden also lange brauchen. Ein Biwak wäre unvermeidlich. Aber eine Biwaknacht ohne Schlafsack in über 4000 Meter Höhe wollten wir uns nicht zumuten. Zweitens war vor wenigen Tagen ein Bergführer auf dem Zustieg zu den Frêney-Pfeilern abgestürzt. Kein gutes Omen. Dank der grauen

Haare konnten wir mit dem Gedanken leben, nicht Tour Nummer 100, sondern nur Tour Nummer 81 aus Rébuffats Buch über die 100 schönsten und anspruchsvollsten Touren im Mont Blanc Massiv zu klettern. Worin liegt überhaupt der Unterschied zwischen einer Nummer 100 und einer Nummer 81? Steigt mit der Höhe der Zahl die Wahrscheinlichkeit zu verunglücken? Ist je geringer die Zahl das Risiko geringer? Sind die schwierigeren Routen nur für Menschen die besser, stärker, härter oder dümmer sind?

Wir sind den Innominata-Grat geklettert, haben den Gipfel des Mont Blanc erreicht, sind in unser Auto eingestiegen und wieder nach Hause gefahren. Wie es uns am zentralen Frêney-Pfeiler ergangen wäre, kümmert uns nicht. Was wir getan haben, haben wir getan. Und es war schlimm genug. Unvergesslich bleibt das Erlebnis, kurz nach Sonnenuntergang auf dem Gipfel des Mont Blanc zu stehen, ganz Europa unter sich zu haben, die lauten Täler unter frischen Wolken verborgen, das warme Rot des vergangenen Tages über den westlichen Horizont sich legen zu sehen. Unvergesslich, wie oft wir auf dem Weg in die Herrlichkeit dem Tode entgangen sind. Die Felsmassen, die über uns niederstürzten, haben uns verfehlt, die Griffe und Tritte, die unter uns wegbrachen, haben uns nicht in die Tiefe gerissen, der Tod, der unser Begleiter war, hat uns noch einmal entwischen lassen. Auf dem Gipfel ist die Stille nicht still genug, um die Angstschreie der Seele zu übertönen. Es ist die Erschöpfung und die Erleichterung, die Erschlaffung nach fünfzehnstündiger Anspannung zwischen Absturz und Angst, die das Schreien beendet. Das größte Wunder ist der Körper, der diese Strapazen erduldet hat; die größte Dummheit, diesem Körper diese Strapazen zuzumuten. Es ist ein Wunder und eine Dummheit zugleich, dass ich beides noch einmal tun werde.

Ich werde es so lange tun, bis die Dummheit bleibt und die Wunder ausbleiben. Erst meine letzte Tour wird die Rettung bringen, mit oder ohne Hubschrauber. Bis es so weit ist, werde ich Berge besteigen, dürsten bis meine Kehle so trocken ist, dass sie keinen Laut mehr hervorbringt, hungern so lange, bis auch das Hungergefühl verhungert ist, frieren bis alles Kältegefühl erfroren ist. Wer kann das verstehen? Der Dumme nur, der Wunder erfahren hat! Kann man nicht auf einfachem Weg den Gipfel erreichen? Man kann, aber es ist nicht der Gipfel, es sind die Täler, die man auf dem Weg zum Gipfel durchschreitet, die die größten Wunder schenken! "Doch hab acht", so mahnt mich das Wunder, "ein jedes Wunder ist ein Geschenk! Es kann nicht erzwungen oder erkämpft werden! Doch wo man ihm Raum gibt, da kann es geschehen, und wo man sein Herz und seine Augen öffnet, da kann man es spüren und sehen."

Taschenbücher bei Panico

Selig, wer in Träumen stirbt
ISBN 3-926807-91-1 / 10.00 €

Robert Steiners hochgelobtes Debüt gehört zum Feinsten, was die gegenwärtige alpinistische Literatur zu bieten hat. „Da kann einer nicht nur klettern, er kann auch schildern, wie das geht: kreativ, gnadenlos, mutig. In Zehntelsekundenauflösung beschreibt Steiner seinen Kampfsport am Abgrund: detailgenau, packend, beängstigend.... findet neue, noch nicht zerkitschte Worte für die Natur und die Emotionen.... .... seit Reinhard Karl, Emil Zopfi und Malte Roepers besten Erzählungen hat man kaum ähnlich Gutes gelesen."

aus der Leselupe, BERGE 3/2002

Der Himmel für drei Franken
ISBN 3-926807-93-8 / 10.00 €

Malte Roeper, 1962 in Schleswig-Holstein geboren, begann seinen ersten Roman in der dritten Klasse, entschloß sich dann aber zunächst für die Bergsteigerei und zog nach Süden. Sein erster Roman „Strategie und Müßiggang" sowie der Sammelband „Kopf in der Wand" erschienen bei Panico, und brachten ihm den Titel eines „Hemingway der Alpinliteratur" ein. Der nun vorliegende Band ist ein Querschnitt durch seine Arbeiten seit seinen ersten Veröffentlichungen im Panico-Alpinverlag.

Wohin einer kommt wenn er geht
ISBN 3-926807-99-7 / 10.00 €

Ganz klammheimlich avisierte Robert Rauchs Erstlingswerk „verwegen, dynamisch, erfolglos" zum Kletterer-Kultbuch und - zweimal nachgedruckt - zu einem Panico-Bestseller. Seine kompromisslose Abrechnung mit der Heimat, seinen Kletterkumpanen und der verdorbenen Menschheit an sich - ungekünstelt, exakt geschildert, teils von großer poetischen Schönheit - begeisterte und polarisierte gleichermaßen. „Wohin einer kommt, wenn er geht" schildert uns Robbi in der direkten Fortsetzung seines Debüts.

Wir müssen da hoch
ISBN 3-926807-98-9 / 10.00 €

Peter Brunnert wurde 1957 in Hildesheim geboren, weit weg von richtigen Bergen. Er lebt in Blomberg und arbeitet bei einer Versicherung. Durch einen dummen Zufall kam er 1972 zum Klettern. Und obwohl dabei das meiste schief ging, tut er es bis heute. Irgendwann hat er dann auf Anraten seines Therapeuten angefangen alles aufzuschreiben.
In seinen witzig-ironischen Geschichten beschreibt er all das, wovon ein normaler Bergsteiger inständig hofft, es möge ihm nie, aber auch gar nie, passieren.
2. Auflage mit drei neuen Pleiten, Pech und Pannen-Stories.

Alpinistische Literatur bei Panico

Das Kriegsloch
ISBN 3-926807-81-4 / 19.80 €

„... Für mich ist „Das Kriegsloch“ mehr als alles andere die faszinierende Schilderung der Erlebniswelt eines früheren Extrembergsteigers, dem es im Hochleistungsalpinismus geistig zu eng geworden ist. Es ist die Bilanz einer Entwicklung weg von der Eindimensionalität des „schwerer, höher und schneller“ hin zur Einsicht in die Vielfalt und Vielschichtigkeit unserer Existenz. Der Leser muss sich gut anschnallen auf Rudi Mayrs Achterbahnfahrt durch die unterschiedlichsten Daseinsebenen und Lebenswelten.“

DAV-Panorama 2/2001

Zwischen Schneckenhaus und Dom
ISBN 3-926807-69-5 / 10.00 €

„Nun ist es da, das Buch auf das nicht nur Insider schon lange gewartet haben. Bernd Arnold hat es geschrieben - nicht über sich und sein Klettern, sondern über das Elbsandsteingebirge, seine Felsenheimat... Ein Schmuckstück, bibliophil gestaltet, auf dem Umschlag typographisch gewagt, im Inneren eher konservativ in handwerklich sauberer Satzkunst. Ein spannendes Buch, ein ruhiges Buch, ein Buch das heraussticht und das seinen Platz hat im Kopf und im Herz eines jeden, der das Elbsandsteingebirge lieben gelernt hat.“

Bergsteiger 10/99

Emilio Zuccero
ISBN 3-926807-80-6 / 10.00 €

„... Fans des fülligen Pop-Sängers Emilio Zuccero, dessen Reibeisen-Stimme einen Chor aus Giuseppe Verdis Opern „Nabucco“ in einen Schlager verwandelt, dürften wohl genügend gewarnt sein: Nein, es erwartet die Leser nicht die Lebensgeschichte einer Hitparaden-Größe, sondern die teils amüsante, teils dramatisch zugespitzte Enttarnung Luis Trenker, der mit Hilfe eines streng geheimen Verjüngungskrautes aus dem fernen Asien seine Lebensuhr zurückdrehen konnte und sich seiner zweiten Existenz erfreut.“

www.baeng-2000.de

„... Das alles ist beschaulich und nett und kippt doch, manchmal, unversehens ins Hinterhältige d.h. Journalistische. Darüber freut such der Leser ebenso wie über manche Miniatur, beispielsweise vom Gipfeltriumph am Kilimandscharo. „Ein östereichischer Bergkamerd geht auf die Seite und kotzt ein bisschen. Endlich! seufzt er erleichtert.“ So geht es kurzweilig und vergnüglich von der ersten bis zur letzten Seite, und man wünscht sich am Ende, auch soviel gesehen zu haben wie der Autor - zwischen Everest und Wendelstein.“

BERGE Nr.100/2000

2000 - drunter und drüber
ISBN 3-926807-70-9 / 10.00 €

Bergschuhe bekam ich geliehen, „Knickerbocker“ schneiderte ich mir aus einer alten langen Hose selber. Von Bekannten erhielt ich ein etwas zu großes Sakko, und als Kopfbedeckung bekam ich eine alten Motorrad-Lederhaube geschenkt. Einen Rucksack lieh mir mein älterer Bruder.
„Otto Eidenschink hat ein Beispiel dafür gegeben, wie zäher Lebenswille selbst aus anscheinend unentweichbarer Hoffnungslosigkeit doch einen Weg zu so etwas wie Lebensglück finden kann.“

DAV Panorama

Steil und steinig
ISBN 3-926807-68-7 / 10.00 €

... viel mehr als eine pure Sammlung von Literaturstellen. Was bei dieser jahrelangen intensiven “alpinistischen Spurensuche im Leben und Werk von Schriftstellern” herauskam, liegt nun als fesselndes Buch vor. Das Fahndungsergebnis präsentiert sich als eine Folge im besten Sinne biographischer Miniaturen, Kabinettstückchen zum Thema “Literaten mit Gipfelblick”.
... Endlich das alpine Buch zum verschenken! An kulturell anspruchsvolle Bergfreunde – oder an sich selbst.

DAV-Mitteilungen (2/1998)

Strahlchnubel
ISBN 3-926807-87-3 / 10.00 €

Klettercomics bei www.panico.de

Erbses Erster jetzt mit frühen Bonus Comics.

ISBN 3-926807-51-2

10.00 Euro

Erbses Zweiter jetzt mit Bonus Story.

ISBN 3-926807-66-0

10.00 Euro

Nimm 3!
Erbses dritter Streich.

ISBN 3-926807-58-x

10.00 Euro

Eins, zwei, drei, und Spaß dabei.
Das Erbse Quartett ist voll !

ISBN 3-936740-02-x

10.00 Euro